浙江省人文社会科学重点研究基地

『地方政府与社会治理研究中心』重点课题研究成果

浙江大学地方政府与社会治理研究中心、浙江省社会保障研究中心资助出版

浙江大学出版社

ZHEJIANG UNIVERSITY PRESS

走向承认

浙江省城市农民工公民权发展
的社会学研究

⊙ 王小章 等著

图书在版编目（CIP）数据

走向承认——浙江省城市农民工公民权发展的社会学
研究／王小章等著 . —杭州：浙江大学出版社，2010.1
ISBN 978-7-308-07349-3

Ⅰ.①走… Ⅱ.①王… Ⅲ.①农民－公民权－研究－
浙江省 Ⅳ.①D921.04

中国版本图书馆 CIP 数据核字（2010）第 015129 号

走向承认——浙江省城市农民工公民权发展的社会学研究

王小章 等著

责任编辑	严少洁
封面设计	俞亚彤
出版发行	浙江大学出版社
	（杭州市天目山路 148 号　邮政编码 310007）
	（网址：http://www.zjupress.com）
排　　版	杭州中大图文设计有限公司
印　　刷	临安市曙光印务有限公司
开　　本	710mm×1000mm　1/16
印　　张	13.75
字　　数	200 千
版 印 次	2010 年 1 月第 1 版　2010 年 1 月第 1 次印刷
书　　号	ISBN 978-7-308-07349-3
定　　价	28.00 元

目 录

上篇　农民工研究的视野

中篇 浙江省城市农民工
公民权发展状况评估

下篇 浙江省城市农民工的组织化问题

上　篇

农民工研究的视野

对当代中国"农民工"的研究经历了一个从生存论预设下的"生存—经济"叙事模式到公民权视野下的"身份—政治"叙事模式的转变。"身份—政治"叙事模式既包容了"生存—经济"叙事模式的关怀，又避免了生存论预设对于"农民工"本身的矮化和对于"农民工问题"的窄化倾向，但目前不少在"身份—政治"叙事模式下的农民工研究也存在着一些值得注意的问题，这些问题在很大程度上与研究者们对于中国的户籍制度与农民工问题之关系的本质化理解和处理有关。因此，我们需要重新检视户籍制度与公民权的关系，需要在更为一般的关系即承认与排斥的关系中来理解公民权的实质，并在此基础上重新认识和思考"农民工"这个"群体"及其获取公民权的进程。

1 从"生存"到"承认"：
公民权视野下的农民工问题

1.1 农民工研究的视角转换：从"生存—
经济"叙事到"身份—政治"叙事

　　社会科学的任何研究都离不开对研究对象的某种基本预设，这种预设形成了研究者的研究视角，影响着研究者的分析和叙事模式，从而潜在地支配着研究的整个过程。这一点，在当代中国所谓的"农民工"研究中自然也不例外。① 根据笔者观察，对于当代中国"农民工"问题的研究，存在着两种主要的研究视角或者说分析叙事模式，即生存论预设下的"生存—经济"叙事模式和公民权视野下的"身份—政治"叙事模式，而目前的一个研究动向，就是从前一种模式到后一种模式的转换。

　　按照约定俗成的看法，"农民工"是改革开放以来随着我国社会经济体制和社会经济结构的按双重转型而出现的一个群体，是在我国特定的户口制度下发生的农村劳动力转移的产物。"农民工"这一称呼混合了由户口制度所确认的社会制度身份和由劳动分工所确定的职业身份，同时也标明了由劳动关系所决定的经济

---

　　① 此处所谓的"农民工"研究，指的是以"农民工"为主位的研究，即以"农民工"本身的目标追求、生活境遇、行动逻辑、社会身份地位及其变化等为研究中心问题的研究，而不包括那些虽然也论及"农民工"，但是主旨却在考察说明我国经济社会转型发展、只是将"农民工"作为这种转型发展的一个影响因子或一种表现的研究。

地位。也就是说,农民工的户籍身份是农民,职业身份是非农行业的从业者,而在劳动关系中,则属于受雇者。广义的农民工包括所有其户口依然是"农民"、但却主要受雇从业于非农行业的劳动者,即它囊括了我国改革开放以来两种主要的农村劳动力转移方式从农业中转移出来的所有劳动人口:一是以"离土不离乡"的方式进入本地乡镇企业的非农劳动者,二是以"离土又离乡"的方式跨地区转移进入非农行业的农民务工者。2006 年 3 月国务院研究室发布的《中国农民工调研报告》即取这种含义。狭义的农民工则单指后者,其中又主要指进入城镇的农民务工者。在我国农民工的发展进程中具有标志性意义的国发〔2006〕5 号文件《国务院关于解决农民工问题的若干意见》尽管在开头也提到"进入乡镇企业"的农民工,但从其整个行文可以明显看出,其"若干意见"所针对的主要是进城农民工。本研究也主要是在狭义上使用"农民工"这一概念。

20 世纪 80 年代初,随着以联产承包责任制为核心的农村改革的推展与深入,农村劳动力过剩的问题由原先的隐性状态而逐步凸显现出来,与此相应,今日所谓的"农民工"问题也开始以"农村劳动力转移"这一问题形式而逐步地进入学界的视野。自那时至今,学界关于"农民工"的研究已经走过了 20 多年的历程,期间,来自经济学、人口学、社会学、人类学、政治学等各门学科的学者都纷纷投入这一研究领域,发表、出版的成果如恒河沙数。而令笔者感兴趣的是,尽管投身于农民工研究的学者来自许多不同的学科,发表、出版的研究成果也涉及农民工问题的方方面面,但就潜在地支配着这些研究的基本视角,或者说,就隐含于这些研究中的关于"农民工"这个群体的基本预设而言,却显得比较单纯。在相当长的时间中,甚至可以说一直到今天,在"农民工"研究中占据着主导地位的研究视角基本上是一种在生存论的预设下采取的一种可称之为"生存经济学"的视角和分析叙事模式。也就是说,研究者们往往或明明白白或不言而喻地认为,农民乃是迫于生存的需要和压力而外出务工,从而,为了满足这种生存需要、缓解生存压力而对于经济目标的追求构成了农民工行为的本质意义。当然，生存不仅仅是"苟全性命"的意思，也包括要努力活得好一些、滋润一些、"品质"高一些的含义。但是，其核心始终是怎么活、靠什么活即"谋生"的问题，而不是活着做什么即活着的价值或尊严的问题。对此，一个颇有意思的表征是，国内两位知名的学者——中国社会科学院的黄平博士和中山大学的周大鸣博士——都将他们研究农民工的著作直接命名为《寻求生存——当代农村外出人口的社会学研究》①和《渴望生存——农民工流动的人类学考察》，②尽管两者出版时间前后相差近十年。在这种基本预设之下，研究者们，尽管来自各自不同的学科背景，但在考察农民工行动的逻辑和意义时，往往采取经济学的或"类经济学"的分析叙事模式，假借"经济人"或"准经济人"的假设（所谓"类经济学"的叙事模式或"准经济人"的假设是指，许多研究者在考察解释农民工的行为时也往往将中国特定的社会、文化甚至政治因素考虑进来，但是这些因素往往被纳入经济学的分析叙事模式，也就是说，研究者们常常是从这些因子怎样影响、约束农民工对于经济收益、对于代价—报酬的公平性等等的理解这种角度，来使用这些因素，而不是将政治、社会、文化看作相对独立的、不能完全化约为经济意义的生活领域）；而在考察农民工的生存环境和状况时，也往往围绕其生存的需求和压力来展开分析和论述：如不少研究也都论及农民工的"权利"，但是通常都是围绕满足农民工的基本生存需要，即从农民工与自身的关系中，来考察农民工的待遇需求与缺失（need and lack），从而将权利转换成主体需要和满足需要的对象之间的关系，而不是从农民工的身份资格出发，即从农民工与他人的社会关系中，来讨论他们的基本尊严和权利应享（entitlement），从而把权利理解为不同主体之间的

---

① 黄平，等：《寻求生存——当代农村外出人口的社会学研究》，云南人民出版社1997年版。

② 周大鸣：《渴望生存——农民工流动的人类学考察》，中山大学出版社2005年版。

关系。

　　笔者无意否定这种在生存论预设之下形成的"生存—经济"分析叙事模式所具有的价值,对于初期的农民工,甚至直到今天,这种模式对于农民工依然具有相当强的解释力。但是,无须讳言,随着时间的推移,随着新生代农民工的出现,这种模式的解释力正在减弱,从发展和前瞻的角度,从研究对于研究对象和围绕研究对象的社会实践所具有的建构意义着眼,这种模式的局限和欠缺是明显的。第一,行为主体的需要、动机、目标或者说追求是在其生活实践展开过程中不断发生着调整和变化的。农民在一开始可能是迫于生存的压力而选择外出务工,但是他们在城市中的实际工作生活经历会导致他们的初始动机、目标不断发生改变。当然,生存论预设下的"生存—经济"分析叙事模式在一定程度上也看到和承认这种变化,如前面提到的黄平博士的研究就指出:农村人口外出就业,具有明确的动因和目标,一开始他们也许是为了从非农化活动中挣得更多的现金收入以补贴务农收入的不足。但不论他们的动因和目标是多么明确,他们总是在外出或转移过程中不断地对自己的行动加以合理化解释,总是不断地反思自己的行动,调整自己的策略。但是,在"生存—经济"分析叙事模式下,研究者们所看到和承认的那种变化通常都是在"经济人"或"类经济人"范畴之下的变化,属于作为"经济人"或"类经济人"的行动主体在具体的生活情势下对生存策略的一种调整,在这种模式下一般看不到或不承认会发生根本性的、"质性"的变化,或者说,总是倾向于将那种"质性"的变化叙述转换成生存目标、条件和状况在"量"上的增长或程度上的提升。如将文化的、社会的、政治的需求看成是生存需求的自然延伸和补充,而不是看成对于生活的另一种新领域、另一种新的意义空间的开拓。而由此也可看出,"生存—经济"的分析叙事模式实际上潜藏着一种化约论,将文化的、社会的、政治的领域化约为围绕"生存"而组织起来的经济生活领域中的因子,而否定其相对独立的地位和意义,否认这些领域中的行为不能完全用经济的或准经济的理性杠杆来衡量。第二,除了同一行为主体会在生活实践展开的过程中不断调整其动机、目标、行动策略,不同主体之间在这方面也存在差异。也就是说,农民工群体本身并不像"生存—经济"分析叙事模式倾向于假设的那样是同质性的,其成员的初始状况本就不完全相同,进入城市之后也会进一步出现分化,他们的追求也就会各各不同。特别是许多新生代农民工,他们一开始就表现出了与上一代全然不同的追求。笔者对浙江农民工的调查就发现,许多新生代农民工在进城打工之前并不存在所谓的"生存压力",不少人原本的生活还算得上"小康",或者在家乡就可以获得实际收入不亚于进城打工的工作。显而易见,用寻求、渴望"生存"这种"生存—经济"分析叙事模式是很难解释他们的行为逻辑的。第三,社会科学的研究并不完全是对现实的一种被动的反映,毋宁说,它是对现实的一种具有相当主动性、选择性的话语"反应",这种话语反应对所谓的"现实"具有强大的建构作用。[①] 就农民工研究而言,不论这个群体本身的实际情形怎样,"生存—经济"分析叙事模式下的研究总是不断地为人们塑造出符合其预设的农民工意象,从而整塑、建构人们对于农民工的认知和想象,并进而深刻地影响人们针对、围绕农民工这个群体的社会实践,使人们——包括相关的政策制定者——总是倾向于直接着眼于"生存问题"来认识、界定、处理"农民工问题",制定出相应的"农民工政策",而对于其他同等重要的问题——甚至对于"农民工"之成为"问题"而言可以说更为根本的问题——则或者有意的悬搁回避,或者无意地遮蔽。[②]

---

① Berger, Peter L. and Luckmann Thomas. *The Social Construction of Reality: A Treatise in the Sociology of Knowledge*. New York: Anchor Books, 1966.

② 说"生存—经济"分析叙事模式下的"农民工"研究对于人们针对、围绕农民工的社会实践,特别是政府的"农民工政策"具有建构作用,并不意味着后者完全是前者的产物。知识社会学的有关研究早就揭示了知识和实践意志(权力)之间的"互构"关系。特别是在中国的语境中,后者,特别是政府的实践需要和意志对于前者的型塑构造作用要远大于前者对后者的影响。但是,即使退上一百步,即使学界的研究仅仅是为既定的实践方略做合理性、正当性的论证和注脚,则这种论证和注脚本身也显示了其建构意义。

　　或许正因为农民工研究的"生存—经济"分析叙事模式存在着这些局限和欠缺,同时,也因为随着时间的推移,随着"农民工"这个群体本身由一开始主要从事拾遗补缺之工作的、被人们(特别是相关的政策制定者)误以为不可能成为城市社会之基本成分的"散兵游勇",逐步成长为我国的一个"新产业工人阶层",从而,那些构成"农民工问题"以及使"农民工"这个庞大的人群之所以成为问题的更为根本的因素也日益在人们眼中凸显,于是逐步地,在农民工研究中,一种新的分析叙事模式开始慢慢出现。尽管如上所述,直到目前,"生存—经济"分析叙事模式在农民工研究中可能依然占据着优势地位,但是,这种相对新近出现的模式——笔者称之为公民权视野下的"身份—政治"分析叙事模式——无疑正在被越来越多的研究所采纳和应用。

　　如果说"生存—经济"分析叙事模式的根本特征在于主要着眼于"农民工"的基本生存需求而从"农民工"与自身的关系中来界定"农民工问题",关注的是农民工的需求和满足这种需要的条件、对象之间的"主体—客体"关系,那么,新模式则主要着眼于"农民工"在中国社会中的身份地位、从而倾向于从"农民工"与其他社会成员、与国家的关系中来界定"农民工问题",关注的是农民工这个主体与其他社会主体之间的关系。不过,需要指出的是,尽管笔者将这种新模式笼统地称为公民权或公民身份(citizenship)视野下的"身份—政治"分析叙事模式,但或许由于"公民权"一词在中国特有的政治敏感性,国内的许多在笔者看来可以归入此种叙事模式的研究事实上并不直接出现"公民权"这一概念。研究者们更多的是在下面这些论题下来展开论述。如农民工与中国社会分层(包括农民工群体在中国社会分层结构中的地位和农民工自身的分化)①户籍制度与中国三元社会结构,②农民

①　李强:《农民工与中国社会分层》,社会科学文献出版社 2004 年版;唐灿、冯小双:《"河南村"流动农民的分化》,《社会学研究》2000 年第 4 期。

②　甘满堂:《农民工与转型期中国社会三元结构》,《福州大学学报(哲学社会科学版)》2001 年第 4 期;李强:《农民工与中国社会分层》,社会科学文献出版社 2004 年版。

工的城市融入①等等，尽管这些论述实际上都或隐或显地包含着身份平等的意念，从而潜藏着或者潜在地指向公民权或公民身份的主题。

较早用公民权的视角系统地考察解释中国农民工问题的是美国学者苏黛瑞（Dorothy J. Solinger）。在《在中国城市中争取公民权：农民流动者、国家和市场逻辑》一书中，苏黛瑞援引布莱恩·特纳（Bryan S. Turner）的观点，认为现代公民权问题由两个方面构成：第一是社会成员资格或身份的问题，即归属于某个共同体的问题；第二是资源的分配问题。换言之，公民权的根本特征是排斥，因为它将权利和特权仅仅赋予那些特定共同体的成员。② 在这种公民权概念下，苏黛瑞联系中国改革开放前计划经济时代的制度遗产，特别是户口制度，从农民流动者（即农民工）、国家和市场三者之间的关系中来考察分析城市农民工问题。她认为，对于那些从农村流动进入城市的农民流动者（农民工）来说，问题不仅仅是暂时缺乏由国家提供的维持日常生计所必需的条件，关键在于，由于不拥有城市户口，他们根本没有"资格"（ineligible）享有城市中的正常生计，没有"资格"享有城市居民作为与生俱来的"自然权利"加以接受的那些社会福利和服务。在中国，只有那些拥有官方确认的城市户口的人才是国家（政府）承认的城市社会共同体的正式成员，而那些没有城市户口的农民在自己国家的城市中的身份，则就像是其他地方的外国移民，是"非公民"（noncitizens）。因此，对于进入城市中的农民流动者（农民工）来说，根本问题不在于直接去争取维持生计的收入、福利、服务等，而是争取获得这些待遇和机会的"资格"，也就是争取"公民

---

① 马广海：《农民工的城市融入问题》，《山东省农业管理干部学院学报》2001 年第 3 期；朱明芬：《杭州农民工融入城市社会的现状调查及保障机制研究》，http://www.zhdx.gov.cnnews2007/9/25/1190687349187.shtml；胡杰成：《社会排斥与农民工的城市融入问题》，《兰州学刊》2007 年第 7 期；等。

② Solinger, Dorothy J. *Contesting Citizenship in Urban China: Peasant Migrants, the State, and the Logic of the Market*. Berkeley: University of California Press, 1999, p6.

权"(contesting citizenship)。① 不过,对于农民流动者(农民工)获得完整公民权的前景,苏黛瑞认为,尽管市场化已对那种建立在户口制度上的公民权提出了挑战,但由于种种原因,特别是由于国家、城市政府、原先的城市居民等均不愿放弃现有的户口制度——苏黛瑞将它看作是中国的一项根本性的政治制度——农民流动者(农民工)要获得与城市居民同等的公民权并不容乐观。②

苏黛瑞的上述著作在海外"中国研究"(China study)界产生了较大的反响,并且在国内学界也引起了较多的关注。近年来,国内直接援用"公民权"范畴来分析论述"农民工问题"的研究也日渐见多,尽管不少研究者依旧或刻意或不经意地采用"市民权"这一词汇来指称英文的"citizenship",有的则还在更加模棱含混的"市民化"概念下展开论述。不过,力图从农民工的社会政治身份、从农民工在"共同体"中的成员资格着眼,也即从农民工与国家(政府)和其他社会成员的关系中,来界定、理解"农民工问题"的意旨,则都体现得比较明确。在这些研究中,华东师范大学陈映芳教授的《"农民工":制度安排与身份认同》一文可以说是其中比较有代表性的一项。③ 在该文中,陈映芳从"市民权"概念(即"citizenship"或"urban-citizenship",陈文以此概念指中国社会中拥有居住地城市户籍的居民所享有的身份及相关权利)入手,考察了从农村地区流入城市的迁移者在城市中的身份和权利问题,探讨了这些乡城迁移人员成为"非市民"的制度背景和身份建构机制。她认为,对既有户籍制度的政府需要是户籍制度及作为一种社会身份和作为一种制度的"农民工"长期被维持的基本背景;在这种户籍制度面临巨大变革压力的情况下,中央政府在解决农民工问题上采取了放权放责的办法,即在国家层面上不废除户籍

---

① Solinger, Dorothy J. *Contesting Citizenship in Urban China: Peasant Migrants, the State, and the Logic of the Market*. Berkeley: University of California Press, 1999, p3-7.

② 同上 p286-287.

③ 陈映芳:《"农民工":制度安排与身份认同》,《社会学研究》2005 年第 3 期。

制度的前提下,敦促地方/城市政府自行解决农民工问题,"保障农民工权益",相应地,给予地方/城市政府以一定的改革现有户籍制度的自主权,但是,由于地方/城市政府的自利自保倾向,其有限的户籍制度改革总是从自身的利益需要出发,因而不可能使"农民工权益问题"得到真正的解决;与此同时,作为中国社会中的第三种身份,"农民工"的被建构和被广泛认同,既构成了现有"农民工"制度的合法性基础,也影响了乡城迁移者的权利意识和利益表达行动。陈映芳的最后结论是:"只有把问题视作乡城迁移者如何获得市民权的问题,而不是视作'农民工'的权利问题时,'农民工'的问题才可能获得真正解决。"

1.2 对户籍制度与公民权的进一步检视

如上所述,相比于生存论预设下的"生存—经济"叙事模式,公民权视野下的"身份—政治"叙事模式之最显著的特点,是它不直接着眼于农民工本身的基本生存需要(哪怕再加上衍生自这种需要的需要)来探讨农民工的生存状况或应该给农民工提供什么样的生活条件与服务,而是着眼于农民工在中国社会中的身份地位来界定和检视"农民工"问题,从而将一个被化约为经济的、技术的问题转换成身份政治的问题。当然,这并不是说,"身份—政治"叙事模式不关心农民工的生存需求与压力问题。正如布莱恩·特纳所指出的那样,满足社会成员各种需求的资源分配问题本身就是公民权问题的一个构成方面,因此,实际上,"身份—政治"叙事模式只是从另一个层面、另一种角度来提出问题,即它不是直接问:农民工需要什么? 而是问:是什么因素使这种需求成为"农民工"的需求,为什么一定要将农民工的需求作为另类需求来处理而不可以将它纳入某种一般的范畴? 这样,"身份—政治"叙事模式实际上既包容了"生存—经济"叙事模式的关怀,同时则避免了生存论预设对于"农民工"本身的矮化和对于"农民工问题"的窄化。就此而言,应该说,前者相比于后者的优越性是显而易见的。

　　但是,如果进一步对目前那些可归于"身份—政治"叙事模式的农民工研究本身加以认真检视,那么,可以发现,其中也存在着一些值得注意的问题。而这些问题,在笔者看来,在很大程度上都与研究者们对于中国的户籍制度与农民工问题之关系的本质化理解和处理有关。这种将户籍制度与农民工问题之间的关系本质化的倾向,既相当程度地影响了对于作为身份政治问题之农民工问题及其解决因应方略的全面认识和取向,也或多或少地体现、甚至影响了研究者们对于"公民权"的真切理解和把握。

　　无疑,户籍制度是我国的一项十分基本和重要的制度,特别是对于"农民工问题"的产生和存在,其影响更是一目了然:如上所说,按照约定俗成的看法,"农民工"是在我国特定的户籍制度下农村劳动力转移的产物,"农民工"这个称呼本身就是作为户籍身份的"农民"和作为职业身份的"工人"的一种混合。就此而言,目前许多在"身份—政治"叙事模式下的农民工研究——包括上面所引苏黛瑞、陈映芳的研究——集中从户籍制度入手来考察分析农民工问题,以户口问题为农民工问题的本质与核心,应该说是可以理解的。不过,这种"可以理解"从另一方面也说明了这些研究实际上在相当程度上只是在复述人所共知的"常识"。而与此同时,还应该进一步看到,当研究者把户口问题叙述为"农民工"问题的本质,将户籍制度的改革作为解决"农民工"问题的根本出路时,他们实际上在揭示"农民工"问题的一个面相、一个维度的同时,也遮蔽了"农民工"问题的其他面相或维度,换言之,从研究的社会建构作用说,他们实际上也在人为地建构着一个单维视线下的"农民工问题"。

　　第一,把户口问题看成"农民工"问题的本质,实际上意味着将户籍身份看作"农民工"的本质性身份,将"农民工"与城市中其他社会成员之间在户籍身份上的差别看作是本质性的差别。而实际上,除了户籍身份,"农民工"还有其他身份,除了户籍身份差别,还可以从其他维度来书写"农民工"与其他社会成员的身份差别。最明显的,如"农民工"作为受雇者和雇主之间的身份差别,就既不是户籍身份差别所能涵盖，也不是户籍身份差异所能完全解释的；不仅如此，当同为受雇者时，"农民工"和许多非农民户口的普通受雇者之间在处境地位上的共通性未必就比两者之间的差异性小。但是，一旦将户籍身份本质化，就可能产生两种结果：一是遮蔽"农民工"与其他社会成员在别的维度上的身份差别（这种差别对于社会成员的公民身份和相应权利的影响并不比户籍差别小），同时也遮蔽"农民工"与其他社会成员之间在别的维度上可能存在的身份共通性；二是以另一种方式重蹈化约论的覆辙，即将其他维度上的身份差异，叙述理解为是由户籍身份差异所衍生的结果，可以由户籍身份差异来解释。显而易见，这两种结果，无论对于认识"农民工"问题的性质，还是对于寻求"农民工"问题的出路（其中包括"农民工"本身可以合作与借助的力量），都是不利的。

从另一种角度说，把户口问题看成"农民工"问题的本质，将户籍身份看作"农民工"的本质性身份，在突出了"农民工"和城市社会其他成员之间的户籍身份区隔的同时，实际上也同样潜在地将这两个群体本身同质化了，自觉不自觉地掩盖了这两个群体本身存在的分化和冲突，而这种分化和冲突及其对身份的主观方面，即成员的身份认同的影响，实际上并不比它们之间的分化和冲突更小、更不重要。确实，如前所述，"身份—政治"叙事模式下的一些农民工研究已经注意到了农民工群体本身存在着分化与分层，还注意到了这种分化和分层对于农民工之价值取向、自我期许的影响，[1]但是，这些研究通常都将这种分化、分层界定叙述为"农民工"这个群体"内部"的分化，从而事先预设了这种分化、分层不会影响"农民工"相对于非"农民工"的基本同质性和基本的身份认同，包括对自己作为"农民工"的认同和对其他"农民工"的认同；同时，也预设了"城里人"对于"农民工"群体的认知不会受到这种这种"内部"分化的影响。但实际上，这种预设与事实是

---

① 唐灿、冯小双：《"河南村"流动农民的分化》，《社会学研究》2000 年第 4 期。

并不完全相符的,至少在今天看是如此。①

第二,将户籍制度与"农民工"问题之间的关系本质化,也就是将"农民工"的户籍身份看作其在城市社会中之劣势地位的根本原因,这在揭示出导致"农民工"之劣势的一个制度性因素的同时,也在很大程度上遮蔽了其他制度性因素,而这些因素与户籍制度、与"农民工"的户籍身份实际上并没有必然的联系。也就是说,要改变这种因素,并不一定要先改变"农民工"的户籍身份;而单纯改变"农民工"的户籍身份,也无助于改变这些因素。而其中最值得注意的,就是农民对于财产,特别是对于房屋和土地的自由处置权问题。②

实际上,将户籍身份看作"农民工"在城市社会中之劣势地位的根本原因和"农民工"自身的主观认知也并不相符。据笔者对

---

① 如,笔者对浙江城市"农民工"的调查就发现,一些比较成功的"农民工"往往会比较刻意地表达自己与其他"农民工"之间的距离感,对"农民工"这个词汇也更有一种避忌的敏感。一个有意思的现象是,当被问及在城市中有没有感到来自城市居民的歧视时,那些比较成功的"农民工"不论是回答肯定还是否定——相比于其他"农民工"而言,更多地倾向于否定——但都往往会以指责"某些农民工自身"的某些"农民习气"、"不文明举止"等等来为城里人对他们可能的"看不惯"进行开脱,同时,也向调查者表明其自身已经脱离了这些习气和举止,因而有别于那些"农民工"。另一方面,"城里人"实际上也不是根据户籍身份来认定一个人是不是"农民工",如他们常常把一些在城市扩展过程中已经"农转非"的"前农民",依然认作"农民工",但他们却并不这样来看待某些已经跃居管理者的人,尽管其户籍身份依然是"农民"。因此,无论从哪个方面看,如果借用安德森的话说,户籍身份意义上的"农民工"都至多只是"想象的共同体"(见:本尼迪克特·安德森:《想象的共同体》,吴睿人译,上海世纪出版集团 2005 年版)。

② 个人对于自身劳动力和财产的自由处置权是现代公民权的一个重要表征,它是马歇尔的 civil right(市民权利)的重要方面(托马斯·马歇尔:《公民权与社会阶级》,刘继同译《国外社会学》2003 年第 1 期),更可以说是福克斯所说的"市场权利"的核心(基思·福克斯:《政治社会学》,陈崎等译,华夏出版社 2008 年版,第 110 页)。有人认为,在中国,与公民身份相联系的公民权利的发展应该不同于马歇尔所说的从 civil right 到 political right(政治权利)再到 social right(社会权利)的进程,而应以"社会权利"作为公民权利改善的起始,同时也作为农民工获得"公民权"的起点(洪朝辉:《论中国城市社会权利的贫困》,《江苏社会科学》2003 年第 2 期)。笔者认为这种观点是值得商榷的,不仅仅因为"经济财富的(自由)流动是决定公民权利扩张或者收缩的关键性因素"(福克斯:同上,第 110 页),更因为,脱离了 civil right 和 political right,所谓的"社会权利"就不再是"权利",而蜕变成了"恩赐"(见拙文《公民权视野下的社会保障》,《浙江社会科学》2007 年第 3 期。)。

浙江"农民工"的调查,当被问及他自己认为影响他在务工城市定居的主要因素是什么时,在接受调查的 740 名农民工中,有65.7%认为是"住房问题无法解决",而认为是"制度上的原因(如户籍制度)"、"农民工自身的素质"、"来自本地人的排斥、歧视"和"其他"的分别只有 14.6%、12.7%、2.5% 和 4.5%。这表明,至少在农民工自身的直接感觉中,市场性排斥已取代制度性排斥而成为其"融入"城市的主要障碍。当然,我们会想到,一些制度性的排斥实际上在形成农民工的市场弱势上发生了作用。但问题是,这些制度性的排斥因素是什么? 许多人马上会想到户籍制度。不能完全否认户籍制度是其中的一个因素,但是,这个因素的影响无疑在变得越来越小,因为明确以户籍身份作为市场准入条件的状况已越来越少见了。实际上,造成"农民工"在市场中的弱势的,除了农民工自身的素质等因素外,一个非常重要的因素是他不能完全真正自由地处置"自己的财产",特别是土地与房产,因而不能使这些财产按照自己的意志有效地进入市场。表面上看,无论是合作化、人民公社化,还是今天的联产承包责任制,都承认土地归农民集体所有;无论是 1956 年的高级社章程,还是1961 年的人民公社工作条例,都规定房屋归农民私有。但实际上,农民集体的土地所有权非常不完全,同时,自 1958 年以后,农民房屋成了"空中楼阁",即他房屋下的宅基地不再归农民所有。从道理上讲,既然土地归农民集体所有,那么,农民就应该有权直接将集体所有的土地进入市场,但现在实际上却并不能(即使在遇到农用地要变为其他用地时,现在的实际做法也是先由国家征用,变为国有,然后再进入市场。国家征用农民的土地,没有价格,只有补贴,补贴微乎其微,因此可以说有"剥夺"的意味);同样地,由于宅基地不归农民所有,因此,农民虽然名义上是房屋的主人,但却办不成产权证,于是也就不能有效地进入市场,当然也不能在银行办理抵押贷款。[①] 也就是说,农民对于名义上拥有所有

---

① 邓伟志:《和谐社会笔记》,上海三联书店 2005 年版,第 55—56 页。

权的房屋、土地的自由处置权并没有得到承认，因而也就不完全是真正意义上的独立、自由的市场主体。这不能不影响到"农民工"在市场中的地位，造成其在市场中的弱势。显然，在此造成"农民工"不能完全成为真正意义上的独立自由的市场主体的，是国家在农村的土地制度，这种土地制度与户籍制度并不是一回事，也不具有必然的联系，也即，仅仅改变"农民工"的户籍身份除了可能使他失去对土地的名义上的"所有权"之外，并不能改变他与土地、房产的关系，也就不能完全改变他在市场中的弱势地位。

第三，从另一方面说，将户口问题叙述为"农民工"问题的本质，进而将户籍制度的改革作为解决"农民工"问题的根本出路，实际上还潜藏着这样一种认识，即把现有城市居民的公民权（或曰"市民权"，即 citizenship，包含共同体中的成员资格及与此相联系的权利和义务）理解为是"标准"的公民权（或"市民权"），从而一方面把"农民工"获得"公民权"（"市民权"）的过程描述成是"农民工"向城市居民单向靠近的过程（这在"市民化"一词中表现得尤其明显），另一方面，则在一定程度上遮蔽了城市居民的"公民权"（"市民权"）本身所经历的变化，至少是转移了人们对这种变化的关注。

确实，马歇尔提供了一个标准化的公民权发展模式，按照这种模式，公民权的内涵经历了一个从 civil right 到 political right 再到 social right 的稳步发展的进程，而公民权的外延则被叙述成一系列原先被排斥的群体稳步地进入公民身份或者说特定的共同体的进程。[①] 但是，这种将现代公民权的发展变迁描绘成稳步拓展的标准化模式的叙述，正是马歇尔为不少人所诟病的地方。[②] 事实上，正如激进民主理论家尚塔尔·墨菲所指出的那样："某些现存的权利正是以排斥或依附其他一些范畴的权利而被建构起

---

① 托马斯·马歇尔：《公民权与社会阶级》，刘继同译，《国外社会学》2003 年第 1 期。

② Mann, M. "Ruling Class Strategies and Citizenship." in: Bulmer M and Rees A. (eds), *Citizenship Today*. London: UCL Press, 1996; Turner B. "Outline of a Theory of Citizenship". in Turner B and Hamilton P. (eds), *Citizenship*. London: Routledge, 1994.

来的。如果想要确认一些新的权利,那些身份首先必须被加以解构。"①据此,我们实际上还可以进一步推论:由于既有公民权的内涵与价值(即与公民身份相联系的权利以及公民身份所具有的社会区隔意义)本身依赖于那些被排斥在公民身份之外的群体的存在,因此,要想将公民权的外延拓展覆盖到那些原先被排斥的群体,就必须、也必然要或多或少改变现有公民权的内涵和价值。除此之外,社会变化所导致的公民(市民)社会与国家之间关系的变化,也必然会对公民权利(citizenship rights)的含义产生深刻的影响。② 就此而言,则我国现有城市居民的公民权("市民权")既不是什么"标准"的公民权("市民权"),"农民工"争取、获得"公民权"("市民权")的过程也绝不会是"农民工"向城市居民单向靠近的过程,而是一个双方共同变化的过程。当然,这是理论上的分析,而从现实经验上看,只要我们在研究农民工时不把目光仅仅固定在农民工身上,而稍稍转移到城市居民那里,就会看到,随着体制改革和结构转型带来的国家和市民社会关系的巨大变化,城市居民之公民权("市民权")的内涵已经发生了巨大的变化,他曾经拥有的一项项特权已逐次消失或弱化:国家(政府)已不再负责城市居民的工作安排,城市居民曾经旱涝保收的各种福利和保障也逐步缩减或日益市场化,甚至连政治代表权(人民代表占人口的比例)也逐步和农民靠近,尽管还没有完全一致。总之,在今天,拥有城市户口已不再意味着曾经意味的一切。既然城市户口本身的意义,也即户籍制度的意义,已经发生了巨大变化,那么,即使纯粹从经验上看,户籍制度与"农民工"问题之间的关系也应该重新认识,至少,那种将户籍制度的改革看作解决"农民工"问题的根本出路,认为只要改变户籍身份,结束了城乡分隔的户籍制度,"农民工"就能获得某种标准(基准)的公民权或公民待遇的看法,是值得质疑的,因为,根本就不存在这样一种标准的公民

---

① 尚塔尔·墨菲:《政治的回归》,王恒、臧佩洪译,江苏人民出版社 2005 年版,第 93~94 页。
② 基思·福克斯:《政治社会学》,陈崎等译,华夏出版社 2008 年版,第 104 页。

权,当然,更不存在与户籍身份有着必然的、稳定的联系的标准公民权或公民待遇。

1.3 作为承认的公民权与"农民工"

对我国户籍制度和公民权的上述重新思考意味着,我们需要重新理解公民权,也需要重新理解"农民工"这个群体,并在此基础上重新思考、认识"农民工"争取、获得公民权的行动。

通常认为,所谓公民权(身份),就是指社会成员在特定政治共同体(城市、民族国家等)中的成员资格,与这种成员资格相联系,个体被赋予一系列相应的权利(和义务)——在我国的语境中,这些权利常常被等同于、至少是首先被理解为马歇尔所说的"社会权利",并进而简化为一些具体的待遇——而这些权利(和义务)就被看作是公民权的表征,一个拥有这些权利(和相应义务)的人,就是这个特定共同体的"全权成员"。但是,由于如上所述,事实上并不存在标准的、稳定的公民权利(citizenship rights),公民权利是在社会变迁过程中不断变化的,是在具体的社会历史情势下不时扩张或收缩的,因而,也就很难根据这些权利的拥有来确定地说什么叫做拥有完整的公民权。于是,在新近的许多研究中,特别是社会学的公民权研究中,人们不再热心于探讨与公民身份相应的"应然"权利体系,而是直接着眼于公民身份作为特定共同体的"成员资格"所包含的包容、归属之意蕴,而从争取(或予以)"承认"的角度来理解公民权的实质,或者,从另一个角度,即从"承认"的反面,将公民权的实质理解为"排斥"。① 总之,新近

---

① Brubaker R. *Citizenship and Nationhood in France and Germany*. Cambridge, Mass.: Harvard University Press, 1992, p21; Layton-Henry Z. (ed.), *Political Rights of Migrant Workers in Western Europe*. London: Sage Publication. 1990, p12; Meehan E. *Citizenship and the European Community*. London: Sage Publication. Meehan, 1993, p22; Soysal Y N. *Limits of Citizenship: Migrants and Postnational Membership in Europe*. Chicago: University of Chicago Press, 1994, p119.

的许多研究认为,公民权的实质所体现的是相对于特定共同体的承认与排斥的关系。这样,关于公民权的研究就与"承认的政治"(politics of recognition)联系起来,进而与"争取承认的斗争"这一被法国著名黑格尔研究者柯耶夫称为现代性基本动力的主题挂起钩来。

当然,把公民权的实质理解为承认与排斥的关系,并不意味着研究者不再关注权利,而只意味着,研究者不再只是从静态的角度来关注讨论所谓基本的法定权利,不再将这些法定权利看作某种一劳永逸地获得的"公民权"的表征,而是将这些权利的争取与赋予、获得与丧失、扩张与收缩看作是不断变化着的承认与排斥关系的表征。也就是说,将公民权的实质理解为承认与排斥的关系,就是将"公民权……理解为一种社会过程,通过这个过程,个体和社会群体介入了提出权利要求、扩展权利或丧失权利的现实进程"。[①] 关于这个动态的进程,有三点值得我们特别注意。第一,除非柯耶夫所说的那种"普世无差异的国家"[②]真的到来了,这个进程一时还看不到终点,因而它不可能是一种"全或无"式的跨越,这是因为,在一个差异纷呈的世界中,与争取承认的力量相伴随,排斥的力量始终存在。[③] 第二,尽管就公民身份是政治共同体中的成员资格而言,这种承认和排斥的关系通常要由政治共同体(民族国家、城市等)通过法律来确认,但是,它们本身反映的是

---

① 恩靳·伊辛、布雷恩·特纳:《公民权研究:导论》,恩靳·伊辛、布雷恩·特纳主编:《公民权研究手册》,王小章译,浙江人民出版社 2007 年版,第 6 页。

② 甘阳:《政治哲人施特劳斯:古典保守主义政治哲学的复兴》,列奥·施特劳斯:《自然权利与历史》,彭刚译,三联书店 2003 年版,第 32—33 页。

③ 对于争取承认的群体而言,这种排斥的力量可能存在于他们的某项权利要求获得承认之前:因为,对于已经获得这种权利的人而言,将这种权利扩展到新的成员身上可能以削减他们的其他权利为前提,即使不如此,从物以稀为贵的角度,也会导致这种权利本身的贬值,因此,他们会极力阻止,这在历史上不鲜见(戴维·波切尔,《古代公民权及其继承者》,2007 年版;恩靳·伊辛、布雷恩·特纳主编:《公民权研究手册》,王小章译,杭州:浙江人民出版社 2007 年版,第 133 页);但这种排斥力量同样也存在于争取承认的群体的某些权利要求获得承认之后,这时,它主要表现为总有一些人会利用自身的资源优势去塑造、确立新的排斥维度。

（处于支配地位、受到肯定的）特定群体和（被否定、受排斥的）特定群体之间的关系，就此而言，这个进程乃是一个不断重构、改写这种群体与群体之间关系的过程，而政治共同体的确认，只是群体之间斗争、妥协、互动、调适而导致关系改变的结果，而不是原因。第三，这个进程不是一个抽象笼统的过程，而是在各种具体的政治、社会、经济、文化等生活场域中，在存在于这些场域的、不断变化着的承认力量和排斥力量（也即特定群体与特定群体之间的）相互作用中展开的，而各种具体的公民权利（citizenship rights）之伸缩增减的变化，包括市民权利（civil right）或市场权利、政治权利、社会权利、文化权利、环境权利、乃至性权利等等，作为表征公民权之变迁的各种具体维度，所体现的也就是这些具体场域中的承认排斥关系，是存在于这些场域的承认力量和排斥力量相互作用的具体结果。这里特别值得注意的是，不同场域中的承认力量和排斥力量并不是重叠的，也就是说，在这个场域中处于支配地位因而倾向于作为一种施加排斥的力量而存在的群体，其成员在另一个场域中未必还都处于相同的地位；反过来，在这个场域中处于受压抑的地位因而倾向于表现为一种争取承认的力量的群体，其成员在另一个场域中也未必还都表现为同样的力量——而这也正是作为各种具体场域中的承认排斥关系之表征的各项具体权利不可相互化约的原因。

现在我们要问，上述关于公民权的这种重新理解，对于我们认识、思考"农民工"这个群体及其获取公民权的行动意味着什么？

首先，既然公民权的实质是承认和排斥的关系，"农民工"获取公民权的问题也就是一项努力应对、克服各种排斥力量而争取承认的事业和进程，由此，"农民工"本身首先应该放入各种具体的排斥（力量）和承认（力量）的关系中来审视考察。而一旦我们将"农民工"放进各种具体的排斥（力量）和承认（力量）的关系中来加以审视考察，就会发现，它实际上并不能被当作一种本质性的存在，而只是其成员在一种特定的承认与排斥关系下建立起来的暂时的、可变的联系。原因就在于，如上所述，争取承认的过程不是一个抽象笼统的过程，而是在各种具体场域中，在存在于这些场域的、不断变化着的承认力量和排斥力量的相互作用中展开的，而不同场域中的承认力量和排斥力量并不是重叠的。在一个场域中，一些人在与这个场域相应的维度下处于受压抑、受排斥的地位（或处于支配的、受到承认的地位），于是就形成一种相对于这个场域的暂时的联系或者说"群体"，表现为一种争取承认的力量（或施加排斥的力量），但是，当转换到另一种场域（如从经济转到政治，从政治转到文化，从文化转到阶级，从阶级转到民族，从民族转到性别，等等）时，在原先的场域中处于受压抑、受排斥的地位（或处于支配的、受到承认的地位）的人们在新的场域未必依然都处于相同的地位，于是，他们与其他人的关系也就发生改变，相应地，原先的这种力量或"群体"也就要发生重组。也就是说，"群体"的成员并没有先验的"共同本质"，也没有固有的"必然联系"。正如墨菲所说的："没有任何一种主体地位与其他主体地位之间的关系是确定无疑的，进而人们也就不可能彻底永恒地获得任何一种社会身份。这并不意味着我们不能获得如'劳动阶级'、'男性'、'妇女'、'黑人'或其他这样一些有意义的概念来指称群体性主体。然而，一旦拒斥了共同本质的存在，他们的性质也就只能根据维特根斯坦所说的'家族类似'来进行推论了，而且他们的统一性也必须被看成是身份局部固定化的结果。"①"农民工"这个概念也正应在这样的意义上来理解，它不是其成员的某种先验"共同本质"或固有"必然联系"的表达。它所表达的，无非只是其成员在（由户籍身份来标识的）一种特定的承认与排斥关系下（或场域中）的一种暂时的联系，这种联系只有当这些成员争取那些与城市户籍紧密相连的权利时——而前面已经指出，自改革开放以来，这种权利已变得越来越少，以至于对许多城市下层

---

① 尚塔尔·墨菲：《政治的回归》，王恒、臧佩洪译，江苏人民出版社 2005 年版，第103 页。

居民来说,实际上已被抽空了——才在"家族类似"的意义上成立。只有在这样一种关系或语境中,作为"身份局部固定化"的结果,"农民工"才可以在"家族类似"的意义上被看作一个共同受排斥的"群体",并可能进而表现为一种争取承认的力量。一旦我们从户籍身份关系转到其他的关系,如雇佣关系、完全市场主体和不完全市场主体的关系、选举人和被选举人的关系、纳税人与政府官员的关系、乃至性别关系、民族关系等等,那么,排斥与承认的关系也就会发生改变,相应地,所谓"农民工"这个只在特定语境、特定的承认排斥关系下才可被视为一个"群体"的成员与其他人,包括与其他"农民工"和所有其他社会成员的联系也就要发生重构、重组。

其次,当"农民工"被理解为只是"家族类似"意义上的"群体"之后,我们又该如何认识"农民工"获取公民权的行动或事业呢?对此,我们也可以从两个层面来陈说。第一,在"家族类似"的意义上,我们可以把"农民工"当作一个整体来看待其争取公民权、争取承认的进程。而从"进程"的角度,则既要看到"农民工"一词所包含的排斥意味,同时,也要看到它所包含的肯定承认的意味,因为,它毕竟肯定了"农民工"之存在的历史合理性,承认了"农民工"在劳动力市场中的正当地位。当然,同样是从"进程"的角度看,"农民工"还将争取进一步的承认,而这进一步的承认,就目前而言,确实与户籍身份的改变相关。但是,不能像有的研究者认为的那样,以为"农民工"改变了户籍身份,获取了所谓的"市民权","农民工问题"就获得了真正的解决。或许,这是"农民工"的终结,但绝不是"问题"的解决。之所以这样说,不仅是因为争取承认的进程在"普世无差异的国家"来临之前是一个无尽的过程,而且还因为,即使从最现实、最实际的角度看,如上所述,在由体制转轨和结构转型所引发的国家和市民社会关系的转变中,我国城市"市民权"原先的内涵已大大缩减,对于下层城市居民来说,甚至几乎已消耗殆尽了,因此,"农民工"即使改变了户籍身份,获得了所谓的"市民权",其实质性的意义可能也并不大——当然,单纯从改变"农民工"的户籍身份、终结现有的户籍制度的角度看，原先城市"市民权"之内涵的缩减也有其积极意义，那就是，可以通过逐步缩减城市户口的价值而逐步使现有户籍制度归于消亡。而这，既在某种意义上表征了现有公民权（身份与相应的权利）的解构是新的公民权形成的前提，也表明了在"农民工"争取公民权、争取承认——哪怕只是在改变户籍身份的意义上——的进程中，国家、市民社会（市场）、"农民工"、城市居民等等之间存在的复杂互动。

第二，从另一个层面来说，也即就"农民工"仅仅只是根据"家族类似"进行推论而得的一个"群体"，其成员并没有先验的"共同本质"或固有的"必然联系"而言，我们又不能将它当作一个真正现实的整体，或者说，与其他社会成员泾渭分明的实体，来笼统地看待其争取公民权、争取承认的事业。如上所述，争取承认的进程是在各种不同的具体场域中展开的，随着场域的转换，具体的承认与排斥关系，也即争取承认的力量和施加排斥的力量的组合会发生相应的改变，因此，原先被归在"农民工"范畴之下的那些具体成员与成员之间的关系，以及他们与"农民工"这个范畴之外的成员之间的关系也会发生各种各样的变化，从而，作为在各各不同的具体场域中那些各各不同的受排斥的成员，他们在争取承认的过程中要联合与合作的对象也就会随场域的改变而改变。原先与自己同处境的人可能变得与自己的命运毫不相干，甚至成为自己的对立面；原先不相干甚或对自己施加排斥的人可能成为与自己同呼吸共命运的伙伴。比如，在争取对财产的自由处置权从而成为真正完全独立自由的市场主体的过程中，"农民工"和广大的"农民"兄弟处在同一处境；在争取提高工资、改善待遇甚或对生产过程的控制权的过程中，在不少企业里，那些作为下层雇员的"农民工"就和其他下层雇员处在同一境地，而同那些已经提升到管理者位置的"农民工"则未必同呼吸共命运；在立足于差异而争取女性的实质性平等地位，争取女性的特殊贡献获得承认的过程中，女性"农民工"与其他非"农民工"的女性会产生同情的理解;而在争取获得制约政府财政收支行为的权利和渠道的过程中,则所有的纳税人(或许政府官员除外)应该是同一阵线……在上述这种意义上,显而易见,所谓"农民工"的公民权问题,实际上也就转化为在各种不同的承认排斥维度上的那些互不重叠的受排斥者,在各种具体的、互不相同的场域中争取承认的问题了。

1.4　市场、国家与农民工的公民权

上面指出,公民权所体现的是相对于特定共同体的承认与排斥关系,实质反映的是共同体中(处于支配地位、受到肯定的)特定群体和(被否定、受排斥的)特定群体——即使是在"家族类似"的意义上的群体——之间的关系。但是,也正如上文所说的那样,这种承认和排斥关系,之所以得以表现为正式的、制度化的公民身份和与之相联系的一系列权利和义务,是因为经过了特定政治共同体——主要是国家及其政府——的确认,尽管这种确认不可能一劳永逸地凝固这种承认与排斥关系,而必然要在群体与群体之间的博弈、斗争中不断地重构、改写,但是它毕竟给处于特定历史阶段的承认和排斥关系赋予了一种制度化的形态。就此而言,对于任何一个处于这种关系中的群体而言,国家无疑要么表现为一种肯定、承认的力量,要么表现为一种否定排斥的力量,尽管,按照马克思的观点,国家本身并不是完全超越于各种社会集团之上的,但它毕竟具有相对的超越性和独立性。

如果说,国家是给予承认与排斥关系、给予公民权以正式的、制度性的肯定和表达的政治机构,那么,市场则是现代社会中对不同社会成员施加承认和排斥作用的一个核心机制。尽管,从规范性的立场出发,不同的学者、不同的思想流派对于市场的作用有不同的评价,但是,谁也不能否认,市场在现代社会的运行中所起的核心作用,谁都会看到,在现代社会中,人与人之间的关系,群体与群体之间的关系,常常通过市场建立起来,也常常通过市场表现出来。

　　需要指出的是,作为表达、施加承认和排斥作用的两种因素、力量或者说机制,市场和国家都具有两重性,从公民权的角度出发,市场和国家都既是一种承认、肯定的力量,也是一种排斥、否定的力量。市场作为承认、肯定的力量表现在,它促使个体摆脱了身份等级等等的束缚,肯定了个人自由和个人利益的正当性,从而解放了每个人的创造力;换言之,它以消极的形式肯定、承认了个人的基本权利,即每个人都可以通过市场不受干涉地追求各自的利益。在西方中世纪晚期,实际上,首先正是出现在工商业城市中的"市场",使大量农奴纷纷脱离对领主的人身依附而获得自由,所谓"城市的空气使人自由",①实际上乃是市场的作用使人摆脱了封建制下的人身束缚。而所谓资产阶级政治革命带来的"政治解放",实际上乃是对这种自由的正式的、制度性的肯定。同样,在我国改革开放的进程中,对于"农民工"而言,之所以能够脱离土地,而进入城市追求其向往的生活,首先也是市场机制作用的结果。正是市场的需求,为农民工提供了离开土地进城谋生的机会,哪怕最初是以"盲流"的身份(也即没有得到国家的承认)。而市场的分化、排斥、否定、压抑作用在于,它的运行以财产私有为基础、以"自由竞争"为基本原则,其自然运作的结果必然导致贫富强弱的分化、阶级的对立,于是,对于处在底层社会的贫者弱者来说,许多基本的权利直至生存权都可能得不到保障,即使在法律形式上被赋予了这些权利,也会由于缺乏行使它们的社会经济条件而没有实质意义,甚至还可能轻易地为富者强者所诱卖剥夺。换言之,作为一种形式上普遍的、平等的法定权利,社会成员被赋予公民权利是无条件的,除了要获得特定政治共同体的公民身份这一唯一的前提。但是,公民权利,尤其是基本的法律权利和政治权利要真正对个体生效,却是有条件的。而这种条件在社会成员中间的分布是不均匀的,因此需要国家进一步通过一

---

　　① 马克斯·韦伯:《韦伯作品集·非正当性的支配——城市的类型学》,康乐、简惠美译,广西师范大学出版社 2005 年版,第 40—41 页。

系列更为积极的权利措施来矫正这种不均匀。需要指出的是,在现代社会中,除了其他一些因素,市场正是形成这种条件分布不均匀的一个十分重要的机制。如对女性而言,市场不可能照顾到女性在生理、心理、社会诸方面的特点,因此,如果没有市场之外的力量介入,女性必然在市场机制下沦于不利的地位,尽管从人类发展而不仅仅是市场效益的角度看,她们的贡献并不弱于男性。也就是说,市场机制作用的原则是普遍主义的(因而具有形式上的公正性),它不会顾及社会成员在生理、心理、社会等方面所存在的实质上的差别,因此,它作用的结果必然导致社会成员在实质性权利享有上的巨大不平等,导致对某些社会成员之权利的实质性剥夺。事实上,对于市场的肯定、承认作用和分化、排斥、否定、压抑作用,黑格尔、马克思关于市民社会的理论已给我们作了充分的说明(黑格尔、马克思的市民社会概念与今天排除了市场的、以社会中介团体为基本骨架的狭义"市民社会"概念不同,他们所指的实际上是以市场为核心机制的"市场社会")。①

从公民权的角度看,国家同样具有肯定、承认、保护作用和否定、排斥、压制作用的两重性。国家的否定、排斥、压制作用首先在于,当国家权力没有必要的限制,如像近代民主宪政国家兴起之前的绝对君主制国家或现代全能国家那样,则它天然具有的扩张性将可能使它不容许市民社会有任何独立性、自主性,或者干脆吞并社会,从而取消个体的自由和其他基本的社会政治权利(我国改革开放前即有这种特征);国家的否定、排斥、压制性还在于,当国家就其社会经济基础来说只是社会中某个处于强势地位的阶级或阶层的代理者,从而其政策和行为受到该阶级或阶层利益的左右而在事实上失去了独立性、自主性时,则它通过它的政策和行为(无论这种政策和行为在形式上就不是对所有人平等的,如维护等级制或种姓制的国家,还是在形式上貌似公正的,如马克思所批判的资产阶级国家)所维护的无疑也只是该阶级或阶

① 王小章:《国家、市民社会和公民权利》,《浙江大学学报》2003年第5期。

层的特殊利益,这时,对于社会中其他阶级或阶层的成员来说,来自国家权力的否定、排斥、压制将会和社会内部原有的否定、排斥、压制发生重叠。如对于农民工而言,一方面其本身资源上的弱势使其比其他社会群体更容易在市场机制本身的作用下沦为淘汰的对象;另一方面,国家所设置的各种制度性的壁垒、障碍(尽管在改革开放的过程中在逐步削弱、减少)又使其不能像其他社会群体一样以平等的身份进入市场。而从公民权的角度来看,国家的肯定、承认、保护作用则在于,在其自身权利受到必要的制约(如民主宪政)和建立在充分广泛的社会经济基础之上从而能代表全社会的公共利益的前提之下,它首先能够通过法律来肯定、承认公民身份和相应的基本权利,并运用其公共权力(如警察、司法等)来保护这些基本权利不受侵犯(事实上,这也是市场得以正常运转的必要条件。正是在此意义上,我们说健康的市场本身有赖于一套特定的政治和法律制度,有赖于现代国家的建立)。其次它还可以通过一系列社会经济政策和法规以积极的姿态来保证每一个公民,特别是在社会中处于弱势的公民具有能够积极有效地行使和实现其公民权利的基本社会经济条件,从而抵消、至少是一定程度地抵消市场的排斥、否定和压迫作用。事实上,当代的许多政治和社会理论家(可能只有"经济自由主义者"或称"自由至上论者"例外),虽然其具体的思想立场取向各不相同,但都或多或少地认识到了这一点。例如,以罗尔斯为代表的政治自由主义者指出,一个人能否真正享有公民权利与其社会经济地位息息相关,而社会经济地位的不平等主要又系私有财产积累之先天差异所造成,因此除非以国家公共权力对贫富不均的现况进行调整,否则自由主义的理想永远是空中楼阁。[1] 同样,与罗尔斯的思想观点不尽相同的哈贝马斯也指出,为了使他所开列的一系列公民权利能真正被所有公民平等地加以运用,还必须保障

---

① 江宜桦:《自由主义哲学之回顾》,载《自由主义与当代世界》("公共论丛"第6辑),三联书店2000年版,第14—15页。

公民"生活条件的基本权利"。① 再如与哈贝马斯的立场也不尽相同的丹尼尔·贝尔，他自称"在经济问题上持社会主义立场"，他所说的社会主义即是指国家预算（他名之为"公众家庭"）应该把社会资源优先用来建立"社会最低限度"，即保障每个社会成员都能有可以满足与其生活的社会时代相应的基本生活要求的收入，从而能过上自尊的生活，同时限制富人把财富转换成与之无关的领域内的过分特权，即限制基本权利的不公平现象。② 所有这些都表明，要真正切实地保障每个公民都能实质性平等地行使公民权，国家公共权力不能仅仅像极端经济自由主义者所认为的那样只发挥"消极的"作用，即作为"守夜人"为自由市场经济提供法律和秩序框架，也即维护作为自由市场社会的市民社会的自发秩序，还应该发挥更积极的功能，即通过一系列社会经济政策和法规来确保每一个公民得以有效行使其权利的基本条件。

　　既然市场和国家都有肯定、承认、保护作用和否定、排斥、压制作用的两重性，那么，从争取和扩展公民权，或者说，从维护和保障公民权的角度出发，无疑就要尽可能利用、发挥市场和国家的肯定、承认、保护作用，并以之来克服和消解它们彼此的否定、排斥、压制作用。而事实上，如果我们回头看一下公民权在西方几个世纪以来的发展历史，就会发现，它事实上大体也正是这么发展起来的；从而，人们公民身份的获得及其权利的扩展过程，也就表现为人们既从国家权力的限制、束缚、压迫、排挤中解放出来，也从完全受市场力量的控制、摆布中解放出来的过程，表现为

────────────

　　① 哈贝马斯开列了一份公民权利清单，即（1）处于平等地位主体的最大限度自由；（2）公民在自由联合中的成员资格；（3）可以实际操作的权利和各种法律保障；（4）平等的参与意见或意志的形成过程，在这过程中公民行使其政治自由，通过这过程产生出具有合法性的法律。而所有这些权利的实现都要求有：（5）生活条件的基本权利，这些权利是社会性地、技术性地和生态学性地得到保障的，这些保障使得上述的权利能被平等地加以运用（Habermas J. *Between Facts and Norms*: *Contributions to a Theory of Law and Democracy*. The MIT Press, 1996, p122-123.）。

　　② 丹尼尔·贝尔：《资本主义文化矛盾》，赵一凡等译，三联书店 1989 年版，第 21—23 页。

从以市场契约关系瓦解、终结封建的等级结构及其法律规定的特权和排他性开始，一直到以国家力量来克服市场中很多人因贫困而造成对其公民权利的排挤、限制的过程。[①] 当然，这不是一个一帆风顺、直线前进的进程，期间有曲折、迂回，甚至有倒退，这是因为，国家和市场的两重性始终存在，它们并不一定总是表现出肯定、承认、保护作用，也可能出现国家的否定、排斥、压制作用和市场的否定、排斥、压制作用相互重叠的现象。公民权发展进程，是国家和市场相互作用，进一步说，是国家和市场的两重性相互作用的进程，而这种相互作用表现为怎样一种形态，在很大程度又取决于公民权实质上所反映的人与人之间、群体与群体之间的承认与排斥关系处于什么样的状态。当然，有一点是无疑的，从历史的基本趋势看，这种相互作用的基本结果是公民权从外延（拥有公民身份的人）到内涵（与公民身份相联系的权利）的扩展加深。这，无论考诸于整个公民权的发展历史，还是考诸于农民工20多年的发展历史，可以说，都是如此。

---

① 王小章：《国家、市民社会和公民权利》，《浙江大学学报》2003 年第 5 期。

附录Ⅰ:生存及生存之上
——杭州市农民工访谈实录选[①]

李月元,男,1980年生,甘肃人,2000年来杭务工,至今八个年头。曾获"杭州市职工职业道德十佳标兵"、"2007杭州生活品质主题点评年度人物"、"浙江省职业道德建设十佳标兵"、"杭州市创业新星"等荣誉称号。现为杭州饮食服务集团有限公司杭州知味观一楼餐厅服务主管。

访谈员(以下简称访):李主管,你好! 来之前我们从有关方面了解到,你在杭州已工作打拼了整八年。能不能跟我们谈谈,你在杭州的这八年是怎样一步步走过来的?

李月元(以下简称李):好! 我是2000年来杭打工的。我的老家在西北农村,同这里相比,那里的日子相当艰苦贫困。我是经过老乡介绍引荐,进入知味观的,此后就再也没有换过单位。因此,这是我在杭州的第一份工作,也是我至今唯一的一份工作。在知味观,一开始是大堂服务员,就是做些清理餐具、收拾餐桌、搞餐厅日常卫生之类的服务工作。因为我工作比较认真——这也是因为老家的艰苦日子使我很珍惜这份工作——手脚也比较麻利吧,过了半年,我就被升为餐

① 所选录的六则访谈实录,来自杭州市人民政府地方志办公室委托课题"杭州农民工生存与发展研究"(王小章主持)的调查。所访谈的六位对象,处境有好有差,但从总体上看,他们在农民工群体中应该说是相对比较好的,从而也更能反映出"生存之后"的愿望与追求。参与访谈调查及执笔的人员有:王小章、朱独道、陈姣姣、王婷艳。

厅领班。这就要求我不仅自己个人要干好,还要带好班,要把其他服务员的工作带领好。过了两年,也就是 2003 年,因为我比较能吃苦耐劳,也比较勤于钻研业务,而且两年多时间的领班做得也算称职,领导又给了我一个锻炼机会,到知味观下面的食品工厂管理季节性食品的生产。季节性食品就是清明的团子、端午的粽子、中秋的月饼、春节时的八宝饭之类,每到时令节日快到的时候,企业就派我过去抓这些东西的生产。由于季节性食品只能热卖一阵,工作强度是很大的,而且季节工人都是临时性的,挺难管理。不过一来二去,我也适应得挺好,各方面的能力都得到了很大的锻炼。这样锻炼了三年,到 2006 年,企业给了我更大的发展空间,提升我做主管,负责管理知味观一楼大厅的服务工作,一直到现在。在工作方面,我在杭州的经历大体就是这样。

访:从你的叙述听来,我觉得你这一路走来挺顺的,短短七年不到的时间,就从一名服务员走到了主管的岗位。能谈谈你觉得你为什么能这样顺吗?

李:我也觉得自己挺幸运的。确实,就像前面说的那样,我很珍惜这份工作,我也很喜欢杭州这座城市,这里的风景真是太漂亮了,我很希望自己能在这里站住脚,因此,我工作很认真,不怕吃苦,也比较肯动脑子钻研业务。我很注重给自己充电,自学过餐饮英语,也学过管理学方面的知识,还考出了餐饮服务的高级资格证书。这些对于我的工作都有很大的帮助。不过我知道,许多外来务工者也很努力,工作也很认真,我认识的人中就有许多这样的人,但他们大都没像我这样"顺"。因此,说到我为什么会这样"顺",我得感谢我的单位,领导没有因我是外来的而对我另眼看待,反而培养我,给我锻炼的机会、发展的平台。同事也常常帮助我,支持我的工作。我觉得他们都是很好的人。我想,如果没有他们的帮助,我能不能在杭州呆下来都可能是个问题,更不用说获得今天这些荣誉和成绩了。

因此,倒不是有意说好听的,我现在做事一般也总要先从单位的角度想一下,而且,如果没有什么特别的变故的话,我也打算长期在这里做下去。

访:你倒很知恩图报。能再和我们聊聊生活方面的情况吗,如收入状况、工余活动等?

李:我们企业给外来务工者的待遇还是不错的,企业给我们交了"五金",我现在已经交了八年的社会保险了。至于收入,随着职务的晋升也是一路增长,几年前的年收入是两万多一点,去年增长到近七万了。

访:哦,七万?

李:是的。老实说,我自己也已非常满意了。在我的老家,这样的收入几乎是无法想象的。至于在工作之余的空闲时间,我一般不太一个人闲在宿舍里。常干的事主要有两项。一是去新华书店,去那里看看书、充充电、长长知识。另外,我参加了志愿反扒队,是一名义务反扒队员。我很喜欢这项活动,不仅因为这是一项公益活动,对社会有意义,这当然很重要,但对我来说,还有另一个作用。作为一个年轻的外来务工者,有时难免会感到寂寞无聊,而它能使我在一定程度上消除这种无聊感、空虚感。同时,参加志愿反扒队,也使我与杭州本地人有了更多的接触,帮助我更好地融入杭州。……当然,现在成家了,工作之余就出去得少多了。

访:说到成家,2008 年 3 月 1 日你在杭州举办了婚礼,就在这知味观举行的,听说在婚宴上来了许多"杭州亲戚",你怎么会有这么多"杭州亲戚"?

李:尽管我是一名外来务工者,但来杭七年多了,自然也就结识了许多本地人,并且和其中不少人结下了很深的情谊,因此,我感觉在杭州有很多的亲人。能结识这些杭州的亲朋好友,一是由于工作的关系,干我们这行的,每天要服务很大数量的顾客,知味观又是百年老店,来这里的顾客除了观光游客外,很大一部分是杭州本地的老顾客,像有一对年近八旬的杭州老夫妻,每天晨练后都会到知味观来吃早点,时间一长,他们与我就熟悉了,两位老人很关心我的工作和生活,还时常告诉我要对得起父母的期望、领导的培养,既要有理想抱负,又要踏踏实实。从这对老人身上,我能感受到一种长辈对晚辈的亲情和关怀。另外还有企业的领导、同事,市总工会的领导等,他们都很关心我、帮助我,慢慢地,在我心里也就不仅仅只是把他们当作我的领导、同事了。再一个是在工余生活中,我也接触交往到不少杭州本地人,像我的房东,我们的联系不仅仅是房东与房客的关系,还有亲情的温暖,比如天下雨了,他们会把我晾在户外的衣服收进屋,逢年过节做了好吃的会叫我过去,这些虽然是生活上的细节,但却让我感到家的温暖。

访:看得出你和杭州本地人的关系蛮融洽。不过,我还是想问一下,在你来杭州的这八年中,有没有感到过杭州人对于外来务工者的歧视和排斥?

李:来杭这八年,我感觉——我个人的感觉——杭州人是蛮友好、蛮包容的,杭州这个城市是很善待外来务工者的。当然,我也遇到过个别杭州人瞧不起外来者的情况,特别是在早几年,现在好多了。不过,我倒也觉得,有时本地人反感外来务工者,也并不一定全是本地人的问题。外来务工者多来自农村,在一些生活习惯上和城市生活不太适应,有时还可能影响市容市貌,如大街上打赤膊、随地吐痰等,这就免不了可能要引起反感。我觉得,外来务工者要真正进入城市生活,固然需要城里人的包容接纳,但自己也需要努力改变,适应城市生活。我觉得我自己在过去这八年中就经过了这么一个改变、适应的过程。

访：不能否认，你适应得很成功。作为一名外来务工者，你觉得对
　　自己在杭州的工作生活构成最大障碍的是什么？

李：最大的障碍，我觉得主要有两个方面，一是属于制度方面的，
　　户口问题。外来务工人员人在杭州，户籍还在老家，这给自己
　　的工作生活带来很多不便。比如我结婚要办结婚证，我和我
　　老婆户口都不在杭州，于是杭州的民政部门就不给办这个证，
　　说只有两个人中有一个人的户口在杭州本地才能在当地登
　　记。没办法，我们只能回一趟甘肃老家办结婚证。户籍带来
　　了很多问题，包括买房、子女上学等等都是。要是政府能在户
　　籍制度上再松松绑的话，我们肯定能获得更多的便利和实惠，
　　甚至，我们就可以成为真正的杭州人，不再是外来务工者了。
　　再一个构成障碍的方面属于自己个人方面的原因，就是我的
　　学历，我现在是知味观一楼主管，但我只有初中文凭，这显然
　　与我的工作很不相称，所以，如果在未来我要获得更大的事业
　　发展，我的学历一定要提上去。我曾经报名参加过成人学历
　　考试，但由于工作时间紧张，没能坚持下来。不过，我还是希
　　望能在五年内拿到大专文凭，这就要靠我自己挤时间了。每
　　想到这，我有时就觉得挺难的。

访：谈谈你对杭州这个城市的总体印象好吗，包括政府和社会各
　　界，有没有令你感触特别深的地方？

李：说真的，我觉得杭州市政府为外来务工者做了很多实实在在
　　的事，像 2008 年春节期间，杭州滞留了大批外来民工，很多民
　　工都已经把租房给退了，但却由于灾害天气回不了家，多亏市
　　政府采取了措施，及时开辟了很多滞留民工服务点，为广大民
　　工提供住宿等各种服务。还有市总工会，把关爱外来民工的
　　工作做得很细致很实在，比如每年都会举办"外来民工同吃年
　　夜饭"活动，2007 年更是达到了 100 桌的规模，虽然不可能包
　　括所有在杭民工，但这一活动让我们感受到杭州各级领导对
　　我们的关爱和重视。至于杭州这座城市，当然就更没话说啦，

城市建设好,西湖风景就更用不着我来说啦!

访:最后,能不能从你个人出发,谈谈你最希望杭州市政府和社会各界为外来务工者做什么事?

李:好。作为一名外来务工者,我想就政府对于外来务工者的文化休闲服务这一方面提一点自己的想法或者说期盼。上面说了,我觉得我是幸运的,但同样能感到外来打工群体在异地他乡生存发展的不容易。很多打工者与务工城市的关系仅仅止于打工挣钱的关系,而难以获得城市社会的公共服务。如今,越来越多年青一代的外来务工者来杭务工,比起他们的父辈来,他们除了关注经济物质方面的收益,还更追求精神文化需求的满足。如何满足他们这种精神文化方面的需求,我觉得政府和社会各界应该考虑。前面我讲过,我参加志愿反扒队,固然是想做一点有社会意义的事情,但一个很重要的原因,也是想借此消除有时免不了会有的空虚无聊。但不可能所有人都去参加反扒队啊。我想,政府和社会应该多做一些事来满足外来务工者的休闲和精神文化需求。可以针对外来务工者的特点多举办一些可以广泛参与的活动,提供一些免费的或者比较便宜的休闲活动场所和设施。确实,市中心有工人文化宫,应该说,这是比较好的文化服务设施,我们单位的大部分员工在工余都会去那里打打乒乓、打打台球,看看报纸,这些休闲活动或是免费的,或是我们打工者负担得起的,但这样的场所和设施太少了,特别是在外来务工者聚居的郊区,几乎根本没有这一类的文化休闲的场所和设施。外来务工者健康的休闲和文化精神需求得不到满足,既不利于外来务工者自身素质的提升,也会对社会治安、城市品质带来负面影响。因此,我希望杭州政府和社会各界能为满足外来务工者的休闲和文化精神需求再多做些实事。是不是可以在外来务工者聚居的地方开设几个文化休闲点,这样工人们工余时就能过去打打球、看看电影、读读报纸,有益身心又积极向上,还能感受到家的温馨。如果有条件的话，还可以顺带在那里办些职业培训班，像关于电焊技术、厨艺、法律常识、生活技能等等，都可以办班，讲课的老师可以到大学请，也可以邀请在一线岗位上的经验丰富的师傅。这样，外来务工者就可以在闲暇之余获得学习，提升素质。我相信，这样的文化服务场所，肯定可以成为外来务工者的精神文化家园。

徐文财，男，1976年生，籍贯江西，1994年来杭务工，至今14个年头，目前担任"草根之家"网站的管理员。

访谈员（以下简称"访"）：徐先生，您好。据了解您早在1994年的
   时候就来到了杭州，当初为什么会选择来杭州这个城市找
   工作？
徐文财（以下简称"徐"）：其实那个时候我是跟朋友一起出来的，
   至于要去哪个城市也没有多想，就觉得对杭州这个城市的印
   象还不错，就和朋友一起来了。既然来了，就在这里做了，也
   不想换地方了。

访：可以具体说说来杭14年的工作历程吗？
徐：我来杭州的第一份工作是在一家服装厂里当一线工人，我在
  辞职之前一直都是在这个厂里工作的。我做了三年一线工
  人，然后就当上了组长，后来又被提升为车间管理，但是后来
  我这个车间管理做得很不舒服，就向上面领导反映下调，最后
  我还是受不了，干脆就辞职了。从2006年开始，我建立了一
  个网站，就是"草根之家"，是一个为我们外来民工开设的作为
  交流平台的网站，我自己当网站的管理员，一直到现在。

访：感觉您的这段经历很特别，当时您在服装厂里已经是进入管
  理层了，可以说在工作上已经是有所成就了，为什么您还会选
  择辞职？

徐：因为我当车间管理的时候感觉很郁闷。车间管理的工作就是帮助厂领导管理工人，我自己是从工人做上来的，我知道当工人有多辛苦。一个服装厂的一线工人的工作时间长度是你无法想象的，一天工作十几个小时是很普遍的，有时候一天的工作时间要长达 16 个小时，连正常的睡眠时间都没有办法保证。而且如果工人们把十个小时的工作在九个小时内完成，厂领导不会考虑提前收工，他们就觉得工人们之前没有认真工作，认为工人们在规定工作时间内还可以为自己创造更多的价值，所以不管工人们多么卖力地工作，他们都得不到额外的休息时间。有时候厂领导要求我给工人们加班，这就是我这个车间管理的职责，但是我自己心里不想再给这些工人加重负担了。那个时候的我就是经常处于这种状态，夹在厂领导和工人之间，这使我感到非常矛盾，所以在最后我选择了辞职。

访：您辞职以后自己开设了"草根之家"这个网站，当初是怎么想到要建设这样一个网站的？

徐：在服装厂工作的这段时间，我亲身体验到作为一个民工的辛苦。"草根之家"网站就是想为像我一样的外来务工者提供一个栖息地，让他们有一个可以诉说的地方。这个网站也许并不能够在实质上帮助他们，但是可以在精神上让他们有一个依靠。而且，虽然我们民工生活在这个社会的底层，但我看到周围的打工者中也有人才，"草根之家"就是想把我们的智慧集中起来，一个人的力量无法改变什么，但是很多的力量聚积起来，也许就可以让外界听到我们的声音。

访：您在建立"草根之家"网站时有没有这样的顾虑，就是有条件上网的民工有限，能够访问这个网站的人不多？

徐：这个问题很早以前就有人问我。我记得当时我还在新浪网上发过一个帖子，问有多少民工是可以上网的，结果在很短时间里就有大量回帖，都是民工网友回的，他们甚至还问"有多少民工是不上网的？"其实现在很多民工都会上网，主要的途径是在网吧上网，我敢说现在网吧里 80％ 的顾客都是民工。现在"草根之家"每天的访问量都维持在 1500 人次左右，有很多人关心和支持这个网站，并且也有很多志愿者积极地参加网站举办的活动，我很感激他们。

访：到目前为止，"草根之家"都举办过一些什么样的活动？

徐：在"草根之家"刚成立的时候，我们举办过一个叫做"健康平安，和谐快乐"的倡议活动，当时我们举着写有这个倡议的旗帜，到西湖宝石山上喊口号。随着活动的进行，加入我们的人越来越多，每一个加入的人我们都会送他一面小旗，我们的口号越喊越响，大家都非常兴奋。"健康平安，和谐快乐"这八个字也是网站的宗旨，代表了我们外来打工者对生活的期望。我们还举办过"草根文化艺术节"，表演者都是看到网站通告后自愿来进行义务表演的。本来春节联欢晚会上的很受欢迎的"千手观音"也要来义演，但是活动场地的管理人员担心安全问题，坚持要请保安人员，但我们没有这个经费请保安，最后很遗憾没办法让"千手观音"来。还有就是 2007 年我们举办的"民工春晚"活动，在社会上的影响还是比较大的，当晚几乎所有的主流媒体都到场进行了报道。但是，我们并没有固定的资金来源，所有的活动都是由自愿者参与组织起来的，所以活动的举办受到了很大的限制。在社会影响力方面，正是因为我们没有能力经常性地举办活动，所以没办法得到媒体的长期关注，这也是我们感到比较困难的地方。

访：我在网站首页的一篇文章中看到了"公益创业"这样一个概念，请问该网站自身就属于"公益创业"的性质吗？"公益"与创业所需要的"收益"不会产生矛盾吗？

徐："草根之家"可以说是公益创业性质的。公益创业与收益创业有着本质的不同。"草根之家"上没有像其他一些小网站上时常会出现的不良广告,我们不会为了几个广告费把这片净土给污染了。"草根之家"没有固定的收入来源,我们的活动经费一方面由我自己垫付,另一方面是靠活动参与者的自愿提供的帮助。我创立这个网站是为了能帮助民工兄弟们,而一个网站要运作起来,资金是一个必要条件。我们的资金来源于各方自愿者,用之于网站的服务对象,即外来务工者,我们网站创业所集结的资金完全是用于公益事业的,这是公益创业与一般以收益为目的的创业之间的本质区别。其实,"草根之家"是致力于建立搭建一个平台,通过这个平台,民工朋友们可以互相倾诉,互相帮助,而想要帮助民工群体的社会各界人士也可以找到一个提供他们帮助的快捷有效的渠道。

访:您对将来的发展有什么样的打算?

徐:我会继续将自己的精力投入到"草根之家"网站的管理中,希望可以把它打造成一个梦想的平台,通过它做到资源的整合,使其成为外来打工者的精神家园。当然网络只是我设想中的一个方面,现在我正在寻找合适的场所用于开设"草根之家"的实体活动室。我希望通过这个活动室的开办,使人们可以面对面的交流,达到网络所没法达到的沟通效果。另外,上次获得成功的"草根文化艺术节"我也打算继续办下去,争取成立一个艺术团,使艺术节成为每年一次的定期活动。总之,我希望通过我的努力,让更多的人了解这个团体,吸引更多人参与进来,引起社会各界对民工生活处境的关注。

访:您对民工群体有着较为深入的了解,加上您的亲身经历,您认为从总体来看杭州民工的生活状态怎么样? 他们最需要什么帮助?

徐:这个问题要比较来看。在杭州打工的民工的生活条件和其他省市相比,算是很不错了,这个大家都是承认的。和其他地方比起来,杭州人的排外感觉比较少,各方面条件可能要好一些。但是拿杭州民工和杭州市民的生活条件相比,那差距还是相当大的。别的行业我并不是十分了解,但就我工作了这么多年的服装业来说,民工的工作强度太大了,有90％以上的民工处于亚健康状态,这也是"草根之家"把"健康"放在网站宗旨第一位的原因。外来打工者最大的困难还是在于没有保障。他们在这个城市里是最缺乏竞争力的弱势群体,他们为了提高自身的竞争力,就必须放弃很多的保障,压低自己的身价。而这些对于他们的将来是很不利的,因为随着他们年龄的增大和体力的衰弱,加上年轻时候过度的劳累,当他们失去劳动力的时候,他们的生活来源是无法得到保障的。还有就是工作之余得不到精神享受的问题。我曾经看到有一个工友把自己平时存的1000元工钱都拿去买了一只手机,我问他为什么要花这么大一笔钱去买手机,他告诉我说因为钱攒起来不知道该去哪里花。这不是说民工的钱太多了没地方花,而是能够为民工提供娱乐的地方太少了,业余生活太单调了。我们艺术团有一次想到一个工地里做义务演出,但是工地管理就是不让我们去表演,在他们看来,民工只是干活的机器,是不需要娱乐的,我们去只会制造乱子。但事实上是,民工也是人,人都需要精神上的享受,这是不可以再被社会忽略了的。

访:对于保障这个问题,杭州市政府也先后颁发过一些相关政策和规定来为民工的生活提供保障,它们所起到的作用怎么样?

徐:这些政策的出发点是很好的,但是在具体运作过程中往往达不到预期的效果,这主要是由于这些相关政策有着很大的局限性。就拿民工子女的入学问题来说,你知道要使自己的子女在杭州读书需要什么样的条件吗?我知道的就有:暂住证一年,固定公司合同,长期的房屋租赁等等。有些条件我在杭州待了14年了都不一定能够满足,不知道到底有多少民工享受到了这项政策。还有"五金",企业为民工交五金是一件好事,但是其局限性就在于民工工作的流动性是很大的,一旦民工离开一个单位,他的五金保障就全没了,而民工在一个单位里工作好几年的情况也不是那么常见的。

访:那么在您看来,杭州市政府和社会各界可以为外来务工者做些什么呢?

徐:我觉得,为了能够更好地帮助民工群体,政府应该放开对社会团体的管理。政府是一个庞大的运作机构,有太多的事情需要处理,对于某一方面事务的管理也许不如专门的社会团体来得快捷有效。我的意思是,像"草根之家"这样的社会团体可以更为直接地帮助外来打工者,政府可以通过购买的方式拥有这个团体,并对其加以指导,具体事务交给我们去办。有了政府的承认和帮助,我们就可以扩大规模,增加社会影响力,吸引各企业和有心社会人士的注意,通过他们的帮助使杭州民工的生活得到有效的改善。从另一方面来讲,这样做还可以提高企业招工的竞争力,增进社会安定,可以说是一个双赢的办法。还有,现在杭州民工生活的一大压力就是不断上涨的房租,这迫使我认识的很多民工朋友不断地向城市边缘地带搬家。不光是房价,现在几乎所有的物价都在不断的上涨,但是民工的工资却不见涨,这就导致了民工的生存负担的不断加重。在这个方面,我希望杭州市政府可以适当地提高民工的收入,这是最行之有效的方法。

丘顺根,男,1965年生,建德人,1993年来杭务工,至今15个年头。目前担任杭州卷烟厂的送水工,负责全厂2000人的日常用水。

访谈员(以下简称"访"):丘先生,您好!据了解今年已经是您来杭务工的第15个年头了,能简单介绍一下您在这15年中的经历吗?

丘顺根(以下简称"丘"):我以前在老家建德那里是做农活的,当过三年兵,退下来以后继续在老家做农活。一直到93年的时候,可以说是为了改善生活吧,决定到杭州来打工。刚开始的时候我是在一家牛奶公司当送奶员的,这份工作我做了半年多。由于家里的原因又回到建德做了半年农活,之后还是回到了杭州找工作,这次我进入了杭州卷烟厂。在烟厂里我干过各种各样的活,包括搬运香烟包装箱和处理香烟残次品等等,现在主要是负责送水,干的都是力气活。虽然我在厂里的工作只是一个送水工,但是全厂只有我一个送水的,2000多人的日常饮水都得靠我,肩上的责任还是很重的。这份工作我一直做到现在。

访:您对现在的工作状况还满意吗?

丘:还可以吧,主要是收入还比较稳定。像我这样没什么技术特长的,靠力气干活的,有这点钱赚已经比较满足了。厂里的工作氛围很好,不会因为你是农民工就有人看不起你,厂里人的饮用水都是我送的,很多人都认识我,对我还是很友好的。厂里也从来没出现新闻里经常说的拖欠农民工工资的情况。从2006年开始,厂里还开始给我们农民工交"五金"。以前我都是做一天算一天工钱,其他都没有的,现在有了"五金",我的生活感觉更加有保障了,这个政策真的很好。

访:在杭州的生活还好吗?

丘:生活还不错的。现在的工作收入很稳定,所以生活不需要担惊受怕的,杭州是个很休闲的地方,在这里生活感觉很轻松。现在保护我们农民工的政策听到的也越来越多了,心里越来越踏实了。我和我老婆都是在这里打工的,两个人的工资和奖金加起来一个月有2000多,再说我们平时也怎么不花钱,这些工资除了吃饭和交房租以外都是存起来给小孩读书用的。

访：说到小孩，对了是男孩还是女孩？

丘：是个女孩，她去年考上了杭州的浙江工业大学，是全国重点大学呢，现在在读大一，我和她妈妈都很高兴！她原来是在建德读书的，我们平时要上班，没办法回去看她，每年就是她放假的时候来杭州看看我们，现在她考到杭州来念书，我们一家人又都在一个城市里了，三个人可以住在一间屋子里，感觉家的味道又浓了点了，呵呵。

访：原来已经是大学生了啊，那可要恭喜您了！您刚才说家的味道更浓了，在杭州安家的感觉怎么样？

丘：我在杭州生活了十多年了，感觉杭州就像我的第二故乡一样。以前一个人来大城市打工的时候，开始感觉很孤单的，但是杭州人对我都很友好，也让我感觉不是那么孤单了。后来老婆也来杭州打工了，现在女儿也考到杭州来了，虽然她平时是住在学校里的，但是每个星期五都回来的。我们在烟厂旁边租了一个小房子，面积不大，但是一家人住着就有一家人的感觉。这么多年下来我们一家对杭州已经很熟悉了，已经可以融到杭州的生活当中去了，和自己在建德的老家比，没有一点陌生的感觉。而且现在农民工都有"五金"了，厂里的效益也好，感觉生活更稳定了，这些都蛮好的。总的感觉就是杭州很适合居住的。

访：很高兴您对杭州有这么好的评价，那平时下班以后您都有一些什么样的娱乐活动呢？

丘：娱乐活动啊，平常晚上我不是太爱出门的，基本上就是在家里看看电视，看看报纸，还有就是阅读，我特别喜欢看历史小说，经常去图书馆借这种类型的书来看。周末的话，有时会一家人去景区逛逛，杭州的免费开放的公园还是很多的，像柳浪闻莺、杨公堤、花圃这些地方，风景都很不错，我们都很喜欢去玩。

访：您来杭州已经 15 个年头了，这是相当长的一段时间了，请问
　　是什么原因使您愿意一直留在杭州工作呢？

丘：以前在建德老家的时候，平时就是种种庄稼什么的，生活安逸
　　是安逸的，饭也能够吃饱，但是我想让小孩好好读书，想让家
　　里人过得更好一点，所以我决定出来，到大城市去打工。杭州
　　是我出来打工来到的第一个城市，那个时候也没有多想为什
　　么要来杭州，就觉得既然来了就好好干。刚开始来到这个城
　　市感觉还是很陌生的，但是后来在这里做做发现这个城市还
　　是很不错的，也开始慢慢习惯在这里生活，工作也稳定下来了
　　就不想再东奔西跑了。我觉得杭州的环境真的很好，西湖周
　　围的风景区都很漂亮，房子也越造越漂亮，大城市么，呵呵。
　　还有杭州的人也很好，这么多年下来，我就感觉杭州人还是很
　　和气的，我在厂里遇到什么困难会有人给我帮忙，基本上没有
　　人会瞧不起我们农民工的，这点我感觉很不错的。我在杭州
　　生活工作了这么多年了，对杭州已经很熟悉了，已经有一种亲
　　切感了，现在我们一家在这个城市团聚了，又可以在一起生活
　　了，女儿也可以在这里读重点大学，我感觉很欣慰的。既然现
　　在一家人都在这里了，我当然是要一直留在杭州的。

访：您既然决定一直留在杭州，那么您对今后在杭州的生活有什
　　么样的规划呢？

丘：我自己的规划其实也差不多，就是做好现在这份工作。前段
　　时间有两个工人违反了厂里的规定被解雇的，是两个年轻人，
　　我觉得这样不好，我会一直做好自己这份工作，因为做事情要
　　负责任，我是送水工，像我现在这个年龄能做几年就做几年
　　了，这接下来的日子里我就要好好送水，全厂那么多人要喝
　　水，这个工作不能马虎。其实现在我们夫妻两个省吃俭用，就
　　是在供我们的女儿读书，现在她考上了重点大学，毕业以后希
　　望能有出息。我们从农村到城市里来打工，就是希望改善自
　　己和下一代的生活。我女儿现在的条件就比我那个时候强多

了，她现在有文化了，以后不会再向我一样靠力气活赚钱了，她用脑子赚钱，以后生活会更轻松，更好。我希望她毕业以后可以在杭州找一份好工作，好好生活。

访：希望您的女儿早日成才，您一家在杭州的生活越来越好。您住在杭州这么长时间了，在工作生活中都遇到过一些什么样的困难？

丘：困难也是有的。我没什么文化，来城里打工只能干干力气活，前几年年轻的时候还行，现在我岁数也大了，扛起水桶来没几年前那么轻松了，我现在是担心以后要是扛不动水桶了那我的工作不是就保不住了？不过这也是没办法的，现在这个年纪也考不上什么大学了，呵呵，就希望可以学点技术以后老了也可以做做技术活。还有，以前我自己一个人住的时候这个房子也足够了，可是现在一家三口人住在这里总觉得还是挤了一点，现在女儿上大学要花钱，也没办法租更大的房子，只能将就着住，这是我们家目前最大的实际困难吧。

访：最后，作为一个在杭工作了 15 年的"老资格"，您希望杭州市政府和社会各界为外来务工人员做些什么？

丘：呵呵，这个我不太知道怎么说的。

访：其实就是从您的切身体会出发，谈谈您在杭州的生活有什么需要具体改善的地方？

丘：需要改善的地方的话，就是我刚才说过的，我是自己租的房子，大概 30 个平方米的样子，自己条件有限也没办法租很大的地方，我觉得像我现在一家三口住在一起还是有点挤的，就是在住房问题上政府能不能帮帮忙。我们也不是想住很大的房子，就是可不可以有稍微宽敞一点的，一家人住着不那么挤的，租金可以优惠一些的房子。对我们农民工来讲，最大的开销就是这个房子的租金了，而且现在我女儿读大学的学费也是一个压力,如果可以为我们改善一下居住条件的话,那就是对我们最实在的帮助了。对了,还有现在像我这样靠干力气活赚钱的农民工有很多的,以前我有个机会可以当卡车司机,工资待遇要比现在好很多,但是那个时候考驾照对我来说太贵了,所以我没有办法只好放弃了那个机会。如果有可能的话,我希望政府能够为我们农民工办一些类似技术培训班这样的,让我们有这个机会学到一些实用的技术,可以有利于我们的工作发展。

金臣封,男,1981 年生,籍贯义乌,2002 年来杭务工,目前职务为杭州某拍卖行的业务部经理。

访谈员(以下简称"访"):金先生您好。据我之前的了解,您是 1981 年出生的,算是 80 后的年青一代,而您离开家乡来到杭州工作已经有 6 年了,是什么原因使您决定这么年轻就到外地工作呢?

金臣封(以下简陈"金"):是这样的,以前我在义乌的工作是在一家饮水机店里当伙计,这份工作很空闲,我也没觉得怎么样,就一直做了两年。直到有一天我在报纸上看到有一家杭州公司的招聘广告,说是需要招聘一名司机,当时我也没有想太多,就是觉得应该趁现在还年轻的时候到外面去闯闯,加上我对杭州这个城市的印象一直都不错,所以就辞了老家的工作来杭州应聘了。

访:可以具体谈谈这几年来在杭州的发展吗?

金:好的。刚才说了,2002 年我初次来到杭州就是为了应聘一个司机的职位,招聘单位就是我现在工作的这家拍卖公司。当时给我面试的是公司的董事长,他问了我几个问题,我之前也没有准备,就凭感觉回答,结果令他非常满意,于是我顺利地成为董事长的司机。我当了一年的司机,在这段时间里我可以说是逐渐受到了董事长的器重吧，于是有一天我被转到了公司的业务部，成为一名业务员。跑业务这份工作我认为是比较适合我做的，虽然平时非常辛苦，但是每一次业务上的成功都会给我带来很大的成就感。由于我在跑业务方面的表现，我被提升为业务部经理，也就是我现在的职务。

访：来杭才短短6年的时间，您的职位就从一名司机升到了一名部门经理，在一般外来务工者中，算得上成功了。有什么可以分享的心得吗？

金：成功还远算不上。但是如果要说在工作方面的经验的话，我觉得有两点很重要，那就是勤奋和机遇。我现在很庆幸当初我看了报纸上的招聘广告来到了杭州，要是我没有抓住这个机遇的话，也不会有现在这样充实的生活。还有就是勤奋，我觉得不管是做哪一行，勤奋都是相当重要的。我在当司机的时候，用了一周的时间就把杭州市区的路线弄清楚了，另外我刚成为业务员的时候对拍卖行的业务工作是完全陌生的，可以说是完全不知道自己应该做些什么，但是当时我就对自己讲：你得学啊！我是通过一次次的实践和不断的学习，慢慢摸索跑业务的套路，最后才能把握这份工作的。在我的工作生涯中，还有一个人对我的影响很大，那就是我的董事长，他一直都比较信任我。其实这就和做人有关系，做人要真诚，这样别人才会尊重你，这在工作中也相当重要。

访：您的这番话也让我学到了不少东西，谢谢。那您对现在的工作还满意吗？对于以后的发展有什么打算？

金：其实我对现在的工作是不太满意的。拍卖行业曾经是一个朝阳行业，但是这些年我做下来的感觉是，它正在向夕阳产业转变，前景并不十分乐观。所以以后有机会的话，我还是想自己单干，开创一番自己的事业。

访:义乌也是一个很适合创业的地方,您会考虑回老家创业吗?

金:应该不会,要创业的话我还是会选择在杭州。义乌小商品市场的商机的确是不小的,我以前的一些同学现在都是身家好几百万的老板了。但我不光是看中杭州的商机,更看中的是杭州的环境。创业是为了赚钱,而赚钱的目的说到底还是为了生活。套用杭州的一句口号,为了提高"生活品质"。前几年我回义乌参加过一次同学会,感觉和那些同学已经没有什么共同语言了,他们的话题总是围绕着金钱,喜欢互相攀比,你今天开宝马,我明天一定要开奔驰。我认为生活不应该是这样子的。杭州的环境不一样,人不一样。我也认识一些收入不菲的杭州人,他们的生活是丰富多彩的,开的也是一些很普通的车子,对他们来说,赚钱不是为了炫耀,而是让自己过上更好更充实的生活。我很欣赏杭州人的这种生活观念,我也很向往这种生活方式,而这种生活方式是在杭州这个大环境中产生的,在义乌是用再多的金钱也无法体会到的。

访:相信您一定可以取得更大的成功。您刚才说到自己在杭州的生活很充实,具体说说您的生活是怎样充实的?

金:首先我的生活中最重要的是我的妻子。我是在杭州认识她的,当时我还在当司机。我们经过几年的发展,最终在 2005年结了婚,杭州对我们来说还真的是爱情之都呢,呵呵。现在她正怀着我们的第一个孩子,我们有一个 60 平方米的小家,感觉生活的充实就源于这个小家。还有就是杭州这个城市所具有的独特的休闲生活态度也感染了我,有时生活可以放慢节奏,给自己留点时间享受生活,做些自己感兴趣的事情,这样自然就感到活得充实了。

访:快要当爸爸了啊,恭喜您了!平时有些什么业余爱好吗?

金:业余爱好还是蛮多的,比如看电影,上网,打乒乓,喝酒聊天交朋友,唱歌,打麻将等等。其实也不全算是爱好,其中有一些也是跑业务所必备的技能。像我原来从来不打麻将的,但是有一次谈业务的时候需要会打麻将,于是就学了,现在平时也偶尔搓两把消遣消遣。还有唱歌也是,出去跑业务的,到KTV唱歌几乎是必备的技能,像我这样不爱唱歌的人现在也能唱几首了。

访:您在杭州这么多年了,谈谈对杭州这个城市的总体印象好吗?

金:我对杭州的总体印象挺好的,真的。杭州的居住环境很不错,绿化做得很到位,卫生条件好,治安环境也不错,感觉社会很安定。特别是绿化,杭州人很重视绿化,我看到过好几次了,如果要在杭州砍一棵树,那是比造一栋房子还难,正因为这样,杭州的绿化才这么好,环境才这么好。还有就是一些人文的东西有自己的特色,你们杭州人自己可能对西湖已经习以为常了,但是对我来讲,西湖真的是一处很珍贵的风景和人文遗产,这种风景在其他城市是不多见的。我对杭州人的感觉也很不错,总体来说杭州人还是很友善的。个人感觉邻里之间的关系也很和睦,有几次我的钥匙插在家门上忘拔了,都是邻居好心帮我把钥匙拔下来替我保管的。另外通过媒体的报道,我感觉杭州市政府在为市民办实事方面做得还是比较到位的,12345这样的电话对老百姓来讲是有实际意义的。媒体的监督也做得不错,经常可以看到曝光的新闻,对于一些事件的跟踪也基本上是有始有终的。

访:那您在杭州的工作生活中所遇到的最大困难是什么?

金:房价太高。杭州的房价这几年的涨幅实在是太大了,普通老百姓根本买不起房子,要不就是突破自己可以承担的贷款底线买房,在以后的很长一段时间里成为房奴,生活质量那是根本不用提了。我现在每个月的基本收入,不算业务提成的话是5000元左右,但是我和我妻子的全部收入加起来,要想在杭州贷款买房,也是很困难的事情。上个礼拜我还去公司对

面的楼盘问了一下价格,一套 100 多平方米的房子要 400 万,
3 万多一个平方米。当然我只是随便询问一下,但是这已经
很能体现杭州现在的房价水平了。虽然我已经在杭州成立了
自己的家庭,生活在这里,工作在这里,但是也许是中国人长
期以来的传统思想吧,我总是认为如果我在这里没有自己的
房子,感觉就是没有在杭州这个城市扎根,这对我在杭州的长
期发展也是很困惑的一件事情。另外,杭州的交通状况比以
前糟糕,我平时上下班路上都会遇到高峰期,那叫一个堵啊,
有时车子根本就没法动,高架桥都变成停车场了。但是,交通
和住房比起来还是小问题,杭州的居住环境各方面都很不错,
就是房价是一个巨大的障碍。

访:那么最后请问您觉得杭州市政府和社会各界可以为外来务工
　　人员做些什么呢?

金:那还是一个住房问题,希望杭州市政府予以更多的重视,提出
　　更好的解决方案。现在的房价这么高,使得很多人在杭州买
　　房的梦想都化为了泡影,事实上这会限制很多人才在杭州的
　　发展。在中国人的传统观念当中,买房是一件必做的大事,一
　　个人只有拥有了自己的房子,心里才觉得踏实,才会觉得在这
　　个地方扎了根。现在杭州的房价使大量的来杭州发展的外地
　　人无法买房,我想其中很多人和我的想法是一致的,就是我们
　　心里还缺乏一种安全感和归属感。我在杭州生活了 6 年,在
　　这里成立了我自己的家庭,在各方面我都融入了杭州这个城
　　市,但是有时我还觉得自己是一个外地人,因为我没有一个合
　　适的住处。虽然杭州市政府也出台了一些相关政策,但我觉
　　得一些所谓的打压房价还只是一种形式,实际上并没有为普
　　通老百姓减轻买房压力,买得起房的人照样买好几套房,买不
　　起的人还是连一套房都买不起。杭州的居住环境是我见过最
　　好的,我也很希望可以一直安心留在这里发展,希望杭州市政
　　府可以实实在在地减轻我在杭州安家的压力。

　　王兴柱,男,安徽长丰县人,1988年来杭州,就业于杭州市设备安装有限公司,至今已逾20个年头。现为该公司电工班班长。曾荣获"1998年西湖区第一届外来十佳青年"、"1999年杭州市第二届十佳外来青年"、"2005年杭州市创建学习型组织,争做知识型职工(以下简称"创争")标兵"、"2005年浙江省创争知识型职业标兵"、"2005年全国创争知识型职工先进个人"、"2006年全国创争知识型职工标兵",同年,王兴柱还荣获了中华总工会颁发的"五一劳动奖章"。他和妻儿现在都被特批了杭州市户口,并在市区购买了100平多米的住房,真正融入了杭州市。

访谈员(以下简称访):王师傅您好! 我们从杭州市总工会那里了解到您。希望能允许我们对您做一个访谈。

王:可以,可以。

访:那就先简单介绍一下您的经历,好吗?

王:我是1988年来到杭州的,也算得上是第一代外来务工者了。那时我初中刚毕业,就被父亲从安徽老家拉到杭州,说是来"学个技术"。那时我大伯刚从杭州设备安装有限公司退休没多久,于是就把我介绍到那儿。我刚进公司的时候,因为是外省人,所以被编制为临时工,只是当学徒而已。

访:这么说来您到杭州已经整整20个年头了,能走到今天真不容易。有遇到过特别大的困难吗?

王:那肯定是有过的。特别是我刚到的那一年,当学徒,工资很低。而且当时粮食又很紧张,生活过得特别辛苦,我那时打过退堂鼓,想回家种地算了。好在当时有很多人支持、帮助我,包括我的同事、领导、师傅还有我的家人。我记得那时候我父亲从老家寄来大米给我补给,途中运送时间就花了好几个月。再加上同事、师傅帮忙换了一些本地粮票,那段时间总算熬过来了。除了粮食紧张,生活上比较困难之外,我当时还碰到一个很大的问题:语言不通。上班第一天,我就懵了,周围同事们"叽里呱啦"讲的全是杭州话,一句也听不懂。我当时还是学徒,有很多问题需要请教师傅和同事,但因为交流困难,所以对我的专业学习和生活都造成了障碍。说到这儿我又得提到我的师傅,多亏了他,那时候天天教我说杭州话。在师傅的帮助下,不到一年,我就已经能和别人自由沟通了。如今,我能讲一口流利的杭州话,别人都分辨不出我是外地人。刚来那几年,每年回家探亲总会引来乡亲们的一片质疑,因为他们不知道我在外面的情况,包括我的两个姐姐,心疼我,怕我在外面受苦,都劝我回家。好在当时我意志坚定,要不然现在就没机会坐在你们面前了,哈哈!

访:看来每个成功的人都是要经过一番磨炼的。您现在已经是技师了,还取得了很多荣誉,这中间肯定也付出了不少辛苦。

王:我是 1988 年来到杭州的,刚来的时候只是一个学徒,我觉得自己只有初中学历,又是初来乍到,什么都不懂,挺自卑,于是一天到晚跟在师傅后面学,不懂就问。那时候我白天上班,晚上就待在宿舍看书、学习、研究电路图。集体宿舍里只有我一个安徽人,没有老乡,这使得我能够静下心来看书学习。我的师傅看我对学习的兴趣这么大,就积极地帮助我,一有空就教我看图纸,并把我介绍到其他的师傅那里学习技术。这样的结果是我的技术学得比较全面扎实,而不是只局限在某一方面。那段时间的潜心学习对我的帮助真的很大。这样的生活坚持六年,到了 1994 年,我正式当上了班长。其实在 1992 年的时候,领导看我比较好学肯干,已经把我列为培养对象,负责一些日常的管理事务,参与到班组长的工作中去。1995 年,当时的项目经理替我报名参加水电预决算上岗培训,其实这对我一个初中生来说,听课都累。于是,每天下班后,我就窝在家里看书,后来老师一张嘴我就知道要说什么了。那时候我天天晚上去学校报到,不懂就问老师,几乎所有老师都认识我了。最后,一举通过了全国统考。我一直对自己的学历比较自卑,觉得初中学历是实在太低,所以总想找机会给自己充充电。1997年的时候我又报考了浙江水利电力专修学校,考前我买了一堆的参考书复习。经过两个月的奋战,居然被我考上了!可遗憾的是那段时间我们公司接到好多个大项目,接连忙了五年,只好放弃了这次难得的学习进修机会。1994年到1999年是最忙的几年,做了很多个大工程,包括:杭州游泳健身中心、下沙中萃可口可乐公司、杭甬高速公路指挥中心、杭州卷烟厂办公楼等。其中杭州游泳健身中心还获得了"鲁班奖"呢!2003年,我通过考评直接获得了高级技工上岗证,一般人都需要先考中级。现在我已经是技师了,并且享受着工程师的待遇。预计到2009年的时候有望报考高级技师。

访:回头看您这20年的经历,真是又有辛苦又充满收获。从一名小学徒到今天的五一劳动奖章获得者、高级技工,您走过了一段不平凡的路。从您的叙述中,我看得出,在您的成长路上一直都有很多人在帮助您,像您的师傅、领导、同事们。他们对您的影响一定非常大吧?

王:是啊。可以说我真的是一个很幸运的人,一路走来碰到很多好人,对我帮助很大。特别是我师傅,当我第一天被指定成为他的徒弟那天起,他就如同对待自己的儿子一般对待我。对我的关心不只在业务技术的学习上,更是在生活的各方面给予我极大帮助。回想我刚来杭州时,一句杭州话也不懂,都是师傅一个字一个字,一句一句地教我。刚来那会儿,老觉得自己是外地人,有自卑感,所以虽然师傅经常邀请我去他家,可我总是不敢去。有一次,恰逢过端午节,师傅知道我一个人,就叫我晚上到他家去吃晚饭,一起过端午节。可我还是因为自卑没有去。结果第二天,师傅带来一袋粽子,"勒令"我吃掉。当时我感动得几乎落泪。从师傅的"严厉"里,我感受到了家的温暖。后来我结婚了,我爱人随我一同来杭州,可苦于找不到合适的工作又必须得回老家。那时我甚至都动摇了，考虑是否要一起回去，因为分居两地很辛苦，在杭州工作总是要牵挂家中的情况。师傅得知了这个情况后，立刻叫师娘托关系帮我爱人找了一份工作，这才使我们稳定下来。后来的生活中，师傅师娘一直帮助我们努力融入杭州生活，包括教我爱人学做各种杭州菜，平时拉拉家常什么的。关系亲得就如同父母和子女一样。除了师傅师娘，还有其他很多人对我们帮助很大，比如房东。我们买房子之前一共租了两户人家，都很好。记得租第二户时，我的儿子刚出世，我和我爱人都在上班，没人照顾他，房东奶奶便自愿要求照顾我儿子。可以说，我的儿子是她一手带大的。现在我们已经成一家人了，平时逢年过节都会聚在一起。而且巧的是，房东奶奶的孙子后来成了我徒弟，这又更加使我们亲上加亲了。虽然我刚来杭州的时候除了大伯，一个亲戚朋友也没有，可现在，我已经有了很多"杭州亲戚"。我们单位的领导对我的帮助也特别大，在工作上给了我很多机会，使我能够一展拳脚。真的很感谢他们，一路走来对我帮助很多。

访：您真的是很幸运，碰见了这么多热心帮助您的人，使您的每一步都走得这么顺，现在的您，无论是在生活还是工作等各方面都已经全面融入杭州了。但另一方面，我还是想问一下，您到杭州这么久，有没有感到过杭州人对外来务工者的歧视和偏见？

王：刚来杭州的时候有过，那时能明显感受到旁边的本地人眼神当中透露的看不起，那时心里挺难过的。不过后来就好了。我站在客观的立场讲，这个问题还是得一分为二看的。外来务工者当中确实存在一些不太文明的现象，比如说话大声、光膀子上街等，因为毕竟生长环境不同，生活习性上会有差异，城里人对此不了解，容易引起偏见。总的来说，我觉得杭州在这一点上相对还是不错的，没有特别明显严重的现象。

访：您在杭州打拼这么多年，到如今也算个成功人士了，有没有经验可以和我们分享一下？

王：经验倒谈不上，只是有一些想法吧。我觉得作为一名外来务工者，最重要的就是要谦虚好学、求上进。也许这也是所有工作的人都应该注意的吧。回想当初我刚来杭州的时候，什么都不懂，靠的就是肯学肯问肯下工夫。我们那时候基本上没什么玩的地方，再加上我个人原因，所以一下班我便看书钻研技术，一有学习的机会我就上，平时则跟在师傅身边积极学习。我的技术基础很大程度上是那时候打下的基础。一直以来看书都是我的爱好，说到这儿不禁想起多年前的一件事情。刚结婚那会儿，因为牵挂家中老小，所以打过退堂鼓想不干算了，回家去。那回家能干什么呢？我想到了养猪。于是我就跑到新华书店买了很多关于养猪的书，回家仔细研究，一段时间之后，居然被我摸索出了一套门路，自己配出了一种养猪饲料。后来决定留下来之后这件事情就不了了之了。不久我父亲想养猪，我便通过电话把我那套方子告诉了我父亲，他照样配了饲养，发现效果果然很好。所以当初我如果回家养猪，弄不好现在已经成养猪专业户了。我说这个事情是想说明这么一点：凡事只要下苦工夫，肯学肯钻，没有办不好的。学习真的是非常重要。正所谓活到老学到老，况且我们现在都还年轻，好好学肯定会有出息的。总是会听见同行们抱怨说现在徒弟难带，一代不如一代，再这么下去，将来安装这一行的人才要青黄不接了。我想对现在的年轻人说的是，你们首先要明确一点：想学到、学好一门技术不是件容易的事。要有吃苦耐劳的精神，不能说放弃就放弃。我有些时候想不明白：现在条件这么好，跟我们当初比真的是天差地别，可为什么现在的年轻人还是不愿意好好学呢？这让我很困惑，有些时候真有点恨铁不成钢的感觉。也许是现在这个世界太丰富多彩了，大家的心也比以前浮了，想的东西也多，自然就静不下心来好好学了。

访：说得真好。看书学习是一种自我提高的很好方式，这样才能不断进步，跟上时代的步伐。听说您现在还在学习写论文和打电脑，能跟我们谈谈吗？

王：呵呵，见笑了。我始终觉得现在这个社会发展很快，再不学习怕跟不上。所以前些年买了电脑，跟着我儿子学，他现在已经成了我的电脑老师了。我主要就是学学打字，上网查资料等。学这些也是想帮助我写论文。我的论文其实就是关于我自己的一些个人经历总结和想法而已。现在正在写的一篇是关于探询一种班组管理模式的，当前这种模式还在试验阶段，如果成功的话，可以进行推广。要知道，班组是工程队最基本最核心的组织，所以非常重要。我自己一直有看报纸和剪报的习惯，每天至少看两份报纸，比如钱江晚报、工人日报、都市快报等。有时看到好的文章，就把他们剪下来收集，再在每次班组例会上挑几篇读给徒弟们听，对他们进行思想上的教育。因为我认为培养徒弟不仅是要训练他们的技能，更应该重视他们的思想道德教育。我把这些年自己总结的这些经验写到论文中去，希望通过个人的努力为这个圈子里的人提供一些帮助吧。

访：真是个爱钻研的人，对工作也有自己独到的看法。在这一行干了这么多年，您还想继续干下去吗？有没有想过要换一行试试看？

王：换行业肯定是不会了，一个是因为年纪大了，换行业恐怕来不及。另一方面也是因为我个人比较喜欢电工这一行，干了这么多年，有感情了。不过，我倒设想过在不改行的前提下转换一下工作领域，比如向管理层靠拢。这么些年的工作让我多少攒下一些经验，再加上年龄的增长，不适宜一直在一线工地继续干下去。所以有机会的话我希望能进入管理层。

访:说了这么多您的个人经历,我们对您有了一个更加深入的了解。正是由于众多像您这样辛勤工作、积极向上的外来务工者,才有了杭州今天的繁荣和兴旺。这是你们对杭州经济发展的贡献。现在我想问一下另一方面,在你看来,您们外出务工对家乡的经济有没有什么影响?

王:我认为是有的,而且这种影响还是积极的。一方面我们外出打工,赚的钱肯定比在老家要多,能够补给老家的家人。另一方面,通常一个地方一人外出,会带动一批人外出。比如我,带过老家的人已经不下 30 人了,其中 20 多个已经回老家,在这个行业干得很出色,主要是因为他们到杭州来学到了比较精湛的技术,回家之后便成了同行业中的佼佼者。这样对当地经济发展的推动肯定是很大的。

访:这样看来,外来务工者不仅丰富了自己,发展了务工地的经济,同时也反哺了家乡,真是一举数得呵。听了您的叙述,我能感觉到您对自己的工作生活都是比较满意的。但一定还有很多外来务工者并没有取得像您这样的成功,走得也不是很顺。所以我们想请您站在外来务工者的立场谈谈你们希望杭州政府为你们做些什么。

王:首先当然就是希望就业不要受到歧视。其次是住房方面。对打工的人来说,是否有杭州户口区别很大。希望政府能对外来务工者开放经济适用房和廉租房。我建议,可以采取这样一种制度:外来务工者在杭州工作达一定年限后便可享受经济适用房政策。改善了外来务工者的住房问题,对他们更好地投入工作肯定是有很大帮助的。还有就是子女的受教育问题。外来务工者的孩子在杭州上学普遍要交赞助费,这是一笔不小的开支。虽说有专门为民工子弟开办的学校,但说实话,教育质量比不上其他公办学校,师资力量方面也有所欠缺。而且在民工子弟学校待久了,不利于孩子接触本地同龄人,这样不仅会助长他们的自卑感,而且阻碍了他们融入杭州生活。民工子弟学校在布局方面也不是很合理,常会出现因为太远而上不了学的情况。最后我还想说说外来务工者的技能培训问题。现在已经有民工学校了,外来务工者可以到那里接受培训,这是个进步。但在真正落实方面还是有待加强的,最好能避免出现应付性的"临时培训"现象。

访:您提了很多建设性的意见,相信杭州市政府在接下来几年内会往这些方面努力的。最后,再谈谈您对杭州的总体印象吧。

王:杭州很大,环境很好,风景很漂亮。平时休息日,我除了在家看书之外会陪我儿子一起去爬爬山,享受西湖美景。而且杭州很干净,治安又好,这些都让我感到很满意。更何况我19岁就离家来杭州,至今已20年了,在杭州生活的时间比在老家都长,所以,杭州也算得上是我的第二故乡了。

　　缪坤,男,1963年生,安徽天长市人,1991年来杭务工,至今17个年头,从经营小吃店起家,主营餐饮业,目前待业中。

访谈员(以下简称"访"):缪先生,您好。我了解到您在1991年的时候就已经来到杭州了,请问您当初是由于什么原因从家乡来到杭州呢?

缪坤(以下简称"缪"):当时主要有两个原因。一个是由于1990年的时候我的家乡发生了一场大水,我家里的房子都被冲掉了,当时我就在想家乡是待不下去了,于是决定搬到其他地方去。还有一个原因就是我在杭州有一些亲戚,他们愿意接待我和我的家人,使我感觉自己来杭州的话还有一个依靠。所以也可以说是由于机缘巧合我才来到了杭州这个城市吧。

访:可以谈一下您这17年以来在杭州发展的经历吗?

缪:刚到杭州的时候想自己找工作,但是我在杭州的亲戚给了我一些帮助,包括一些启动资金,让我可以走上创业的道路。由于当时我在创业方面还是一个入门汉,有很多事情不知道,再加上那个时候资金很有限,我就想从比较简单的小吃店做起。记得最开始的时候我在河坊街那里开了一家很小的小餐馆,当然那个时候的河坊街还远没有现在这么繁华,这么商业,地段没有像现在这么好。这家小餐馆我经营了 3 年,然后转手给了别人,有了初步的资金积累,我开始尝试转向别的行业。1994 年的时候我承包了武林广场的一个小旅馆,但是也许是我经验还不够,没有做好,8 个月后我又把这个旅馆转让给了别人。经过这次的挫折,我思考了一下,决定还是做我比较有经验的餐饮业,于是在 1995 年我在凤起路上承包了一栋楼,开起了"昆仑大酒店"。"昆仑大酒店"开得还比较顺利,但就在我的事业刚进入正轨的时候,我碰上了凤起路拆迁,我不得不另外找地方继续开我的酒店,这次搬迁使我遭受了较大的损失。1999 年,我在梅花碑开了一家饭店,还是叫做"昆仑大酒店",我想把这个品牌做大,做出影响力。但是之后的几年饭店一直处于不亏不盈的状态,于是我在 2004 年的时候再次将它转手。之后 2005 年到 2006 年我又在四季青承包了店面,但是情况并不十分理想。目前我处于暂时待业的状态,我想自己冷静思考一下,下一步该怎么走,同时这段时间也给了我一个市场调研的机会,我想理性地选择将来发展的行业。

访:在外来务工人员中,走上创业这条道路的人很少,请问您当时是怎么想到要创业的?

缪:其实很多外地来杭州打工的,他们没办法走上创业的道路是因为他们没有这个创业的条件。我算是很幸运的了,要不是当时在杭州的亲戚愿意给我这么大的帮助,我也没有可能一开始就自己创业的。至于我本人为什么选择创业这条路,首先我有亲戚在经济方面的支持,也就是有了创业的基本条件,还有我也觉得创业比较适合自己。自己给自己当老板的最大好处就是工作上比较自由,当然我感觉前途也好一点,如果做得好的话可以取得很大的成功。但也要看到的是,创业也是一件风险很大的事情,各种意外的因素都有可能会碰到,回想起我刚开始开小餐馆时候的艰辛,还有就是凤起路拆迁给我带来的损失,我很庆幸自己都挺过来了。

访:从您刚才的叙述中听得出来创业的艰辛,可以谈谈您在这些年的创业过程中都遇到过一些什么样的困难吗?

缪:先拿我最早在河坊街的那家小餐馆说吧,那个时候我刚到杭州不久,说话还带着很浓重的乡音,虽然我现在普通话也不是很标准,但比起那个时候来已经是好得多了。普通话说不好,也不太听得懂,这就给经营餐馆带来了很大的麻烦。那段时间我最苦恼的就是听不太明白客人的要求,不知道他们要点什么菜,而我向他们推荐菜的时候他们也听不懂我说的是什么东西。这种状况客人当然不会满意,这对我餐馆的名声不太好。我是经历了很长一段时间的学习调整才把我这个满口的乡音给纠正过来的。后来在凤起路刚开始办"昆仑大酒店"的时候,因为之前我做的小餐馆是小本生意,后来做旅馆又没有盈利,我的这个资金一下子就周转不过来了,到处筹集资金来维持饭店的运作,我是硬生生挺过来的。但是饭店的情况刚有所好转就遇到了拆迁这种事情,当时感觉之前的努力全白费了,那是很沮丧的。现在餐饮业的竞争很激烈,以后肯定还会越来越激烈,我之所以暂时待业,就是在想我下一步该怎么走,是继续搞餐饮业还是换行做其他的行业? 创业也是一个学习的过程,我可以说是一边当老板一边当学徒,有很多东西我都是从不懂到慢慢弄懂,再说现在新事物更新多快啊,我不去学习新的东西,不去做市场调研,那怎么行?

访:请您就亲身经历来评价一下杭州市为外来务工人员提供的创业环境?

缪:这个怎么说呢? 杭州市政府是有一些相关政策鼓励支持创业

者的，但是我做的都不是很大规模的东西，基本上享受不到政策上的优惠。我觉得市政府在对外招商引资方面的优惠政策还是很不错的，但是像我这样做小生意的创业者很难享受到政府的优惠。大概还有一个原因是，毕竟外来民工像我这样选择创业并且有条件创业的实在是太少了。当然从总体创业环境来看，杭州市还是很开放的一个城市，为创业者提供了很多机会。在杭州市的竞争是很激烈，但是竞争也相对比较公平，这点是很重要的。

访：可以介绍一下您的家庭状况吗？

缪：好的。我和我妻子目前住在杭州，我们有两个儿子，大儿子在安徽师范大学读书，现在是在读大三，小儿子在读一个交通职高。

访：您平时都有一些什么业余爱好？

缪：像我就喜欢打打保龄球，平时没事到处走走散散步，偶尔唱唱卡拉 OK，到时候打打牌什么的。杭州的娱乐活动还是很丰富的，但是就是要花钱，高消费的地方我还是去不起。

访：您对杭州这个城市的总体印象怎么样？

缪：我感觉杭州总体上是一个很不错的城市。杭州环境好，风景好，很适合人居住。令我印象很深的就是杭州的树很多，一般道路两旁都有一排一排的树，人生活在城市里，可以看到那么多树心情就会好。杭州还给人一种很文明的感觉，这主要还是杭州人都比较讲文明。走在杭州的大街上，乱扔垃圾和随地吐痰的人很少见的，买什么东西的话人们都会自觉的排队。这种事情是小事情，但是就是可以看出市民素质的不一样。

访:是什么原因使您 17 年来一直留在杭州?

缪:主要是现在人际关系都在杭州。像我们做生意的,人际关系是很看重的,很多业务往来的话是熟人心里有底的,不是熟人的话就不知道会出什么意外,这些人际关系都是常年苦心经营积累下来的。再说现在"昆仑大酒店"经营了这么些年,已经积累了一些口碑,稍微有点名气了,我还是想把这个品牌在杭州餐饮业打响。所有的这些人际关系,这个品牌,都是在杭州创造的,如果我离开杭州到其他地方发展,这些都要从头开始。杭州环境还不错,我也都在这里住这么多年了,离开这里的话又这么麻烦,那我为什么要离开呢?

访:最后请您谈谈您希望杭州市政府和社会各界在哪些方面可以做些什么?

缪:我就是希望杭州市政府可以为像我这样有志于在杭州创业发展的外来务工者,提供一些帮助,让我们可以更顺利地在杭州创立自己的事业,同时我们也可以为杭州市创造价值。我自己主要是做餐饮业的,我相信我的饭店可以提供美味的食物,让杭州市民和游客的胃口得到满足,这也算是一种贡献吧。民工来杭州打工不容易,他们当中肯定也有一些想自己当老板的人,但是他们没有这个条件。我运气比较好,刚开始有人相助,使我有一个相对顺利的开端,但是我又要说到拆迁这类事情对我的打击还是有的。具体来说,我就是希望杭州市政府可以制订一些相关的政策,可以有利于我们这些外地人来杭工作、创业。还有就是以前我的小孩在读书方面遇到一些问题。我原本是希望让小孩在杭州的学校读书的,但是当时由于有很多条件限制,使我的小孩没办法留在杭州读书。现在的情况可能好些了,但外地人的小孩想要在杭州读书还是一件比较困难的事情,这方面希望杭州市政府可以多帮帮忙。

附录Ⅱ:走向承认
——杭州市农民工发展简史

回顾近 30 年的历史,杭州市农民工的发展大体上可以说经历了一个从被否定、排斥,逐步走向肯定、承认的进程。这个进程是在农民工群体和其他社会群体、特别是城市市民和雇主群体的互动博弈中,在国家和市场的交互作用中,曲折、迂回地展开行进的。而政府在不同时期出台的一系列有关农民工的政策,则可以看作是从排斥走向承认的各个阶段性的表现和标志。

由于"农民工"的出现与发展涉及户籍制度以及与此紧密相连的劳动就业、社会保障、社会福利、社会管理等一系列全国性的制度,因此,尽管杭州农民工的发展与杭州本身社会经济的发展、杭州地方政府的政策举措等密切相关,但从根本上讲,它不可能脱离全国的宏观制度和政策背景,不可能和全国农民工的变迁发展状况相脱节。特别是,由于我国的行政体制改革实际上表现为一个中央向地方逐步放权的过程,因此,越是在改革开放的早期,也即农民工形成的早期,杭州农民工的发展状况就越是表现得与全国的状况相一致。

关于全国层面上农民工的发展历史,许多研究者往往根据国家有关农民工政策的发展变化而将其划分为不同的阶段。如有人将其划分为红灯、黄灯、绿灯三个阶段:红灯阶段是从上个世纪 50 年代中期到 1983 年底,基本上不允许农村人口进入城市;黄灯阶段是从 1984 年到上个世纪末,允许农民自带粮食进城,但农民进城在总体上还是违反政府就业、居住等规则的;进入 21 世纪之后,我国第十个五年规划中首次明确要促进农业劳动力大规模转移,并提出每年 800 万的目标,由此迈入了绿灯阶段。[1] 有人则根据改革开放以来国家农民工政策的发展而划分出松绑、控制、引导、扶持这样四个阶段:松绑阶段是从 1978 年到 1988 年,国家的基本政策取向是给农民松绑,给农民在经济、社会与政治生活等方面的自主权;控制阶段是从 1989 年到 1991 年,国家的基本政策取向是制止农民盲目外出异地就业,尽可能减轻农民跨地域流动给城市工作与社会生活造成波动;引导阶段是从 1992 年到 2001 年,国家的基本政策取向是将改革开放以来那种自发的农民工流动纳入政策控制和管理的轨道,导向有序流动;扶持阶段是从 2002 年以来,国家的政策取向是在以人为本的科学发展观指导下,实行城乡统筹,保护农民工的利益,逐步解决农民工入城的问题。[2] 也有人将我国农民工流动的发展划分为 1978 年以前的严格限制时期、20 世纪 80 年代的恢复发展时期和 20 世纪 90 年代以来的流动高潮期这样三个阶段。[3] 当然,还有其他许多不同的阶段划分方式。不过,尽管不同的研究者对具体阶段的划分以及命名互有不同,但从上面的介绍可以看出,研究者们基本上都认为,自改革开放以来,国家有关农民工的政策走过了一个从禁止、否定、排斥,经过中间的曲折徘徊而逐步走向开放、肯定、承认的过程。

应该承认,上述这种根据农民工政策的发展变化来划分、描述农民工发展阶段的做法是可取的。这是因为,尽管从根本上讲,农民工从受排斥到获得承认的进程是在农民工群体和其他社会群体的互动博弈中,在国家和市场的交互作用中曲折、迂回地展开行进的,但是,政府有关农民工的政策毕竟最直观地体现、表征了农民工在不同阶段之受排斥压制或承认肯定的情形,同时这

---

[1] 孙自法、胡鞍钢:《中国存在"四农"问题,农民工问题是核心》,中新社 2005 年版。

[2] 刘小年:《中国农民工政策研究》,湖南人民出版社 2007 年版,第 56—60 页。

[3] 谢建社:《新产业工人阶层——社会转型中的"农民工"》,社会科学文献出版社 2005 年版。

种政策也直接地制约影响着农民工发展的具体节奏（当然，实际上，政策本身也是上述这些相互作用推动下的产物）。而如上所述，作为我国的一个社会经济相对发达地区，杭州市农民工的发展固然与杭州本身社会经济的发展、杭州地方政府的政策举措密切相关，但从根本上不可能与全国的宏观制度和政策背景、与全国农民工的变迁发展相脱节。参照全国的宏观制度和政策背景以及受此制约的农民工发展状况，结合杭州地方实际、特别是杭州地方政府有关农民工之政策举措的变化，大体上，可以将过去近三十年杭州农民工的发展历史划分为四个阶段。而通过这四个阶段，大体上可以看出，政府和相关各界对农民工的基本认识经过了一个从"问题农民工"到"农民工问题"的转变，政府有关农民工的政策经过了一个从限制到开放、从被动应对到积极引导、从管制为主到服务为先的转变，而农民工这个群体本身，则由主要从事拾遗补缺之工作的"散兵游勇"成长为杭州产业工人的主体，成长为一个"新产业工人阶层"。

1 1978—1988：从严控到放活

在走向承认的过程中，对于农民工而言，在改革开放的初期，其解放性的、肯定承认的力量主要来自市场，是市场（更具体地说，是劳动力市场）对于劳动力商品的需求为农民离开土地、走出乡村提供了机会与可能，哪怕这种离土离乡在那时官方的政策语言中是属于"非法"的。而市场的力量，对于促使农民之离土离乡而言，实际上具体又可分解为两个方面，一是来自农村的推力，二是来自城市的拉力。在不同的时期，这两股力量的作用大小并不一样。由于我国经济体制的改革率先在农村展开，当1978—1982年期间家庭联产承包责任制在农村得到普遍推行时，城市经济体制的改革还远未提上议事日程，因此，推动农村劳动力转移流动的动力在初期主要是来自农村本身的推力。家庭联产承包责任制的推行大大解放了农村生产力，同时也凸现了农村劳动力过剩的问题。大量从农业劳动中解放出来的劳动力需要转移到非农产业中。可供选择的转移方式主要有两种,一是"离土不离乡",就地转移到乡镇企业中;二是"离土又离乡",跨地区转移到城市务工就业。出于成本和风险的考虑,农民本身的首选是第一种方式;对于第二种方式,绝大多数没有能够被本地乡镇企业吸纳的富裕劳动力一开始基本上处于观望犹豫之中,真正勇下决心试水的人,虽然逐年在增长之中,但比之现在,可谓凤毛麟角。而政府的态度更是积极鼓励第一种转移方式,同时严格控制第二种转移方式。如 1980 年全国劳动就业工作会议通过的《进一步做好城镇劳动就业工作》和 1981 年国务院出台的《关于广开门路,搞活经济,解决城镇就业问题的若干决定》这两个文件,都在解开对城镇职工流动的禁锢、鼓励灵活多样的就业形式的同时,强调要严格控制农村劳动力的流动;对农村剩余劳动力,要通过发展多种经营和兴办社队企业的方式就地安置,不使其涌入城镇,对于已经流入城市的农村劳动力,要尽可能清退。在国家的这一基本政策精神下,当时的浙江省和杭州市都采取措施严格限制农民工进城,同时努力清退已经进入城市的农村劳动力。浙江省计划委员会和省劳动局于 1982 年联合下达通知,重点清退农民工。杭州市则于同年直接以杭州市人民政府的名义下达了《关于严格控制农村劳动力进城做工和切实做好清退农民工的通知》(杭政〔82〕200 号文件)。在这个时期,政府和城市社会对于农民工的看法可以说基本上持"问题农民工"的认识,这从当时屡屡以"盲流"来称呼农民工就可以看出。

鉴于 80 年代中期以前城市经济体制改革尚未展开,城市经济对于剩余劳动力的吸纳能力有限,兼之在所谓三年自然灾害之后的人口出生高潮期出生的人口于此时开始进入就业年龄,再加上知青返城的浪潮,当时政府采取的这种严控农村剩余劳动力进城的态度,尽管从规范性理念的角度看,无疑是对农民之公民权的一种限制与排挤,但从现实形势来看,应该说是可以理解的。不过,同时也应该看到,大量从农业劳动中解放出来的劳动力需要转移就业同样是一个客观的要求。乡镇企业固然就地吸纳了大量剩余劳动力,但还有相当数量的农村劳动力需要寻找出路。在经过了初期的犹豫观望之后,农村剩余劳动力中下决心试水的人逐渐增多,尤其是那些过去即有外出打工谋生之传统的地区,如浙江省的义乌、东阳,温州等——那时,在全国的许多城市几乎都可以见到来自这些地区的农民打工者的身影,当然,也包括作为浙江省省会城市的杭州。这种自发的、客观的态势通常并不是政府的政策举措所能完全遏止的。于是,在农民工发展的这个初期阶段就出现了这样一种情形,一方面是政府严格控制,反复清退;另一方面则是政府的政策措施并不能完全达到目标,进城农民工甚至不减反增。以杭州市而言,如上所述,尽管杭州市人民政府于1982年下达了《关于严格控制农村劳动力进城做工和切实做好清退农民工的通知》,但是,几年清退下来,杭州农民工的数量不仅没有减少,反而增加了。据统计,仅市属全民所有制单位的计划外用工,1984年底比1983年底增加了近三千人,1985年底更比1984年底增加了近一万人,而其中绝大部分是农民工。可以想见,如果再加上其他单位的和非正规就业的农民工,那么,其增长的数量无疑就更可观了。

这种情形,加之农村改革的巨大成功和城市就业压力的缓解,促使政府从1980年代中期开始放松严格控制农民工进城的政策。1985年1月1日,中共中央、国务院发布了《关于进一步活跃农村经济的十项政策》,其中第九条指出,要"进一步扩大城乡经济交往",要"在各级政府统一管理下,允许农民进城开店设坊,兴办服务业,提供各种劳务。城市要在用地和服务设施方面提供便利条件"。尽管措辞非常谨慎,但相比于以前对于农民进城就业基本上都是立足于消极限制的态度,这一文件传递了一种相对积极的信息,因此,可以说是国家关于农村劳动力流动政策变动的一个具有标志性意义的文件。此时另有几个具有重要意义的文件是:1984年6月国务院发布的《矿山企业实行农民轮换工制度试行条例》,1984年10月由劳动人事部、城建环保部颁发的《国营建筑企业招用农民合同制工人和使用农村建筑队暂行办法》，1984 年 12 月劳动人事部发布的《交通、运输部门装卸搬运作业实行农民轮换工制度和使用承包工试行办法》。对于杭州来说，尤其值得注意的是其中第二个文件，因为从那时直到今天，建筑业一直是来杭农民工集中的一个主要领域，而该文件根据建筑业生产的特点，确定对国营企业需用的农民合同制工人实行"指导性"计划管理，并肯定"企业根据生产任务的需要，经当地城乡建设主管部门或人民政府批准，可以使用农村建筑队参加施工"。这实际上等于肯定、承认了这个农民工集中的领域使用农民工的合法性。1985 年 10 月，杭州市城乡建委、劳动局转发了这一文件。值得指出的是，实际上，早在一年多以前，杭州市劳动局和杭州市城乡建委即已联合发布了《关于建筑企业从农村招收临时合同工的试行办法》（杭劳计〔84〕178 号、杭建〔84〕252 号），同样在事实上肯定和承认了建筑业对农民工的使用。因此，在某种意义上，劳动人事部、城建环保部颁发的文件只是进一步以更权威的方式肯定了这种承认。在这期间还值得一提的是，也正是从 1985 年开始，农村外出劳动力作为统计指标正式纳入统计体系，这实际上也可以看作是以一种特定的方式对农民外出务工这一事实的一个正式承认。

政府政策的这种松动，兼之 1980 年代中期以后城市经济体制改革开始谨慎试水，政府对一些部门和单位开始"松绑放权"，从而作为导致农村劳动力向城市流动的另一动力，即来自城市的拉力也开始初步显示出来，与此同时，那些前几年即率先走出农村、走进城市的农民工先行者也发挥出越来越大的示范效应，在这种条件下，进城务工的农民工数量逐年增加。就杭州而言，尽管缺少精确的数据，但下面几个数据大体上还是可以反映这一基本趋势：1984 年底，全杭州市全民所有制企业的计划外用工为41283 人，到 1988 年底，这一数字增长为 81131 人；1987 年，杭州市区共有农民合同工人约 123000 余人，到 1988 年底，这一数字就增至 131000 余人。事实上，还有一对数据也可以反映出在政策松动、城市拉力初步显示的背景下农村劳动力外出就业数增长的基本趋势。如上所述,自1985年开始,农村外出劳动力作为统计指标正式纳入统计体系,该年杭州市农村外出劳动力为14.89万,到1988年,这一数据就上升为19.25万了。

由上述基本情况可知,在1978—1988年间,杭州农民工发展的状况基本和全国层面上的情形相一致:政府的政策经历了从1980年代中期之前的严格控制到之后的有限度松动放活的转变;农民工这个群体本身则尽管受到反复清退(事实上,即使在1980年代中期以后,清退也没有完全停止,就在1985年,杭州市劳动局、市人民银行还下发了《关于进一步贯彻执行杭州市人民政府杭政〔82〕200号文件规定的通知》,由此也可见政府的松动放活是很"有限度"的),但其规模却基本上一直处于扩大之中。虽然与今天相比,当时的规模微不足道,但相对于当时在城市经济体制实际上还没有从根本上得到改变的情况下那有限的吸纳和管理能力来说,则已显得相当可观了。可以说这是农民工流动的初潮。

2 1989—1992:紧缩停滞

从1988年下半年开始,为了应对控制日益严重的通货膨胀,国家开始了为期三年有余的宏观调控治理整顿,经济增长速度放慢。与此同时,政府重新加强了对农村劳动力外出的限制。从1989年开始,中央在三年中接连下发了一系列文件:1989年初,国务院发出《关于严格控制民工盲目外出的紧急通知》;1990年4月,国务院发出《关于做好劳动就业工作的通知》;1991年2月,国务院办公厅发出《关于劝阻民工盲目去广东的通知》;1991年7月,国务院发布《全民所有制企业招用农民合同制工人的规定》。这些文件的措辞精神,在某种程度上回复到了80年代中期以前的状况,即严格控制农村劳动力进城务工,强化对城市企业单位使用农民工的限制,强调解决农村劳动力过剩的根本办法是"离土不离乡"的就地转移和做好农村计划生育工作。与此相应,浙江省政府于此期间也下发了一系列相类似的文件。根据中央和省政府的精神要求,杭州市也加强了对农民工的限制,采取了一系列的紧缩政策和措施。市政府和相关部门于此期间同样下发了一系列针对农民工或与农民工有关的文件,举其要者,计有:1989 年 4 月,市政府发出《关于严格控制招工和清理压缩计划外用工的通知》(杭政〔1989〕23 号);1990 年 4 月,市劳动局发出《关于严格控制职工人数和清理压缩计划外用工的通知》(杭劳计〔1990〕86 号);1990 年 6 月,杭州市人民政府发布第 3 号令,颁布《杭州市外来临时工管理暂行规定》,针对此"规定"的有关内容,市劳动局又分别于同年的 8 月和 9 月发出《关于发放外来临时工〈务工许可证〉的通知》(杭劳计〔1990〕164 号)和《关于〈杭州市外来临时工管理暂行规定〉若干问题的解释》(杭劳计〔1990〕181 号);1990 年 10 月,市政府发出《关于做好当前劳动就业工作的通知》(杭政〔1990〕13 号);1991 年 10 月,市劳动局发出《关于正确掌握企业招工条件的通知》(杭劳计〔1991〕288 号);等等。所有这些文件的核心精神,一是加强对所谓的"计划外用工"的清退压缩,其中主要针对的是已经进城的农民工;二是加强对从农村招工的限制。而后者又包含了几项具体措施,一是规定可以招用农民工的企业、行业、工种,同时规定:"用工单位需要使用农民工的,应尽可能在本市市区城镇范围内招用,确需使用外来临时工的,应在杭州市所辖县(市)范围内招用。"(《杭州市外来临时工管理暂行规定》)从而基本上堵上了农民工跨地区进入杭州的渠道。二是从手续程序上强化对企业招用农民工和农民进城务工的管理控制,如建立《务工许可证》制度。三是着眼于社会稳定和治安需要,杭州市政府分别于 1989 年 4 月和 1992 年 5 月批转了市公安局《关于加强外来人口管理的报告》和《关于切实加强外来暂住人员管理工作的报告》,强化对外来(暂住)人口的社会治安管理,其中的重点实际上就是对外来农民工的登记管理。

在政府的这一系列紧缩限制举措之下,在 1989—1992 年期间,杭州农民工的发展基本上处于一种停滞甚至减缩的状态之中。下面几个数字可以反映出这一基本情形:如上所述,1988年,全杭州市全民所有制企业中以农民工为主体的计划外用工为81131人,到1991年,这一数字下降为53672人,1992年稍有上升,也仅56747人;1988年,杭州市区共有农民合同工人约130000余人,到1992年,杭州市区国有、集体和"其他经济单位"(包括联营经济、股份制经济、外商投资经济、港澳台投资经济)使用农村劳动力的总数为96000余人。还有两个数字也可反映出这一阶段乃是农民工流动的紧缩停滞时期:1988年,杭州市农村劳动力中外出劳动力的人数为19.25万,到1992年,这一数字则下降到了12.73万。

3 1993—2000:规范流动、平稳扩张

1992年邓小平南方讲话推动了我国改革开放的又一轮高潮,经济体制加速向市场经济转轨,城市经济体制改革正式开始全面铺开,与此同时,经济增长加速。经济体制的转轨、经济增长的加速,为农村富裕劳动力外出进城务工创造了机会,同时,国家虽然没有完全放弃对农民工进城就业的控制和区别对待,但鉴于经济发展的客观需要,它改变了前一阶段那种严格限制的政策取向,而采取了一系列旨在规范、引导农民工有序流动的政策措施,农民工的发展于是开始走出上一阶段的紧缩、徘徊、停滞,而进入了又一个上升扩张时期;并且,值得指出的是,尽管集中体现在春运时期的"民工潮"于此时开始出现,但是,由于国家政府的有效规范、引导和管理,兼之经过多年起起伏伏的流动,农民工外出打工过程中的盲目成分本身也在降低,因此,这一阶段的上升扩张基本上可以说是平稳的。

就杭州而言,总体上,这一阶段农民工的发展开始呈现出以下几个明显特征:

首先,改革开放的新一轮热潮带动了杭州经济的迅速增长,

而其中,尤以非公经济的发展引人注目——这一点和整个浙江的情形基本一致。非公经济的发展推动了劳动力市场的多元化格局,国有、集体经济部门不再是农民工就业的唯一部门,非公经济部门迅速显示出了对农村劳动力的强大需求和吸纳能力,并逐步成为农民工就业的主渠道。这一趋势,在邓小平南方讲话之后的第二年就明显显示出来了。据统计,1993年,全市国有经济单位使用农村劳动力比上年增长3.6%(市区为5.0%),全市城镇集体经济单位使用农村劳动力比上年增长8.2%(市区则下降了13.3%),而全市"其他经济单位"使用农村劳动力则比上年增长111.3%(市区为97.9%)。当然,这时,在绝对量上,国有经济单位和城镇集体经济单位所使用的农村劳动力的总数还要远大于"其他经济单位"所使用的数量,但是,到2000年,"其他经济单位"所使用农村劳动力的数量就反过来远远超过了国有经济单位和城镇集体经济单位所使用的农村劳动力的总数。特别需要指出的是,实际上,"其他经济单位"并非非公经济的全部,而只是其中的一个部分,只包括了联营经济、股份制经济、外商投资经济、港澳台投资经济,而这些经济成分并不是非公经济中吸纳农村劳动力的主力。各种调查表明,真正农民工集中的非公经济部门乃是迅速发展中的"城镇私营个体经济",只不过,城镇私营个体经济部门使用农村劳动力的数量由于种种原因迄今还没有正式纳入统计指标。

其次,如果说,在前两个阶段,推动农村劳动力向城市流动的动力主要是来自农村的推力,那么,从这个阶段开始,随着城市经济体制改革向纵深发展,随着城市经济的迅速增长(以及在1990年代中期以后,城乡差别的再次拉大),城市的拉力开始真正大规模地显示出来。正是在这种拉力和推力的共同作用之下,才出现了所谓的"民工潮"。同时,也正是这种客观存在的拉力和推力,作为我国体制转轨和结构转型所生发的客观力量,彰显出农民工的发展在总体上是合乎社会经济发展的客观需求的,是顺应现代化的潮流的,从而也使政府(以及有关社会各界)日益认识到,农民工进城的潮流并不是一味人为地阻止所能奏效的。当然,对于在各种配套制度上尚未完全走出传统体制的、还没有做好充分准备的城市来说,"民工潮"的突然涌现确实造成了各种压力。面对这种压力,政府不能无所作为,一味放任,但这时政府的作为或者说应对方式也不复是一味消极的严控限制,而是规范疏导、宏观调控,目的是使农民工流动有序化。这一阶段,中央政府为规范农村劳动力跨地区流动、促使流动的有序化发布了一系列文件,其中重要的如:1993年劳动部发布的《关于印发〈再就业工程〉和〈农村劳动力跨地区流动有序化——"城乡协调就业计划"第一期工程〉的通知》;1994年劳动部发布的《农村劳动力跨省流动就业管理暂行规定》;2000年劳动和社会保障部办公厅发布的《关于做好农村富裕劳动力流动就业工作的意见》等。与此相应,浙江省和杭州市也出台了一系列文件,加强对农民工进城就业的引导。就杭州市而言,除了转发中央和省的文件之外,自己出台的较重要的文件有:1995年9月,市劳动局出台(1995年市政府办公厅转发)《关于加强农村劳动力跨地区流动就业管理的实施意见》;1996年9月,市人民政府发布第104号令,颁布《杭州市招用外来劳动力管理规定》;1999年3月,市劳动局发布《关于进一步加强外来人员务工管理有关问题的意见》等。所有这些文件有几点共同的基本精神或者说特点。第一是,一方面,它们没有取消对农民工进城就业的区别对待,如《杭州市招用外来劳动力管理规定》要求用人单位在招用外来劳动力时,要遵守"先本市后外地,先城镇后农村"的原则,1996年市劳动局还发出通知明确公布了不准和限制使用外来劳动力的行业和工种;但另一方面,这些文件中再也没有出现要"严格限制"或"清退"农民工的字眼。第二是,它们建构起了一套管理和调控农民工进城就业的制度,包括《外出就业登记卡》制度、《外来人员就业证》制度、向使用外来劳动力的单位征收管理资金的制度以及主要由公安部门执行的以《暂住证》为中心的暂住人口管理制度等。第三是,它们在强调管理的同时,也开始注重服务,包括就业信息、技能培训以及劳动保护等。

第三,在前一阶段,由于对农村劳动力跨地区流动的严格限制,特别是《杭州市外来临时工管理暂行规定》基本上堵上了农民工跨地区进入杭州的渠道(作为吸纳农民工主渠道的非公经济尚未真正大规模发展是那时政府能有效控制农民工流动的一个重要原因),因此,杭州市的农民工实际上主要来自本市农村。到这一阶段,尽管如上所说,政府在劳动就业工作中没有放弃"先本市后外地,先城镇后农村"的方针,但是,由于前面所讲的拉力和推力的共同作用,特别是由于杭州作为东部沿海发达省份的省会城市所表现出来的越来越大吸引力,跨地区来杭的农民工越来越多,在杭州农民工中所占的比重越来越大。这一点从"表1-1"的数据对比中就可以约略看出。

表1-1 1993—2000年杭州市农村"外出劳动力"人数和外来务工者人数[①]

(单位:万人)

年 份	1993	1994	1995	1996	1997	1998	1999	2000
外出劳动力人数	17.27	18.23	19.14	22.36	25.18	25.46	27.05	35.73
外来务工者人数	19.01	27.78	32.40	35.09	32.02	35.41	39.78	50.06

4 2001年以来:走向城乡统筹、公平流动

进入21世纪,特别是2002年中共"十六大"召开以后,我国的经济体制改革进入了全面建设社会主义市场经济的时期,我国的现代化进程也进入了全面建设小康社会的阶段,这就在客观上提出了逐步解决城乡分割分治的二元经济社会结构问题的要求。同时,中国共产党总结几十年的执政经验,提出要在以人为本的科学发展观指导下,建设社会主义和谐社会。在这种宏观的经济

---

① 外出劳动力数据来自1993—2000年历年《杭州市统计年鉴》,外来务工者数据来自杭州市公安局档案室。需要指出的是,"外来务工者"固然包括了少量非农民工,但据有关专家估算,公安部门掌握的暂住人口登记率不到70%,因此,实际上,外来务工者中的非农民工肯定要少于没有到公安部门登记的外来农民工。

社会政治背景下,农民工问题作为我国城乡分割分治的二元经济社会结构问题的集中表现,开始引起社会各界的真正广泛的关注和重视,而不再仅仅主要限于政府与学界,农民工的发展因此也进入了一个全新的阶段。特别需要指出的是,在这个阶段,政府和社会各界对于农民工问题的关注,已不再仅仅停留在要不要、允许不允许农民进城务工的问题,而开始关注他们进城之后的平等就业权以及平等地享有其他一系列政治社会权利的问题。如果说,在允不允许农民进城务工的问题上,市场一直表现为一种承认、肯定的力量,那么,同时也必须看到,来自市场的这种肯定、承认是一种工具性的、功利性的肯定与承认,即是从农民工作为一种生产要素能够带来多少经济效益的角度出发的肯定和承认,而不是自觉地将农民工作为一个权利主体的肯定与承认。从权利的平等享有的角度来看,市场所固有的"弱肉强食"的性质往往在现实中将农民工排除在各种基本权利之外;而此前国家对于农民工在就业等方面的一些限制性的、区别对待的行为,则进一步被市场的强势方(资本)利用来对农民工实施超经济的剥削与压迫。而在此阶段,政府和社会各界开始真切认识到这些问题——当然,这从另一方面讲也是农民工斗争、争取的结果,其中包括一系列"以死抗争"①——从而一方面逐步促进农民工在市场中的平等就业,另一方面则开始作为市场作用结果的一种校正力量,在维护农民工的基本权利方面发挥作用。这体现在国家在农民工政策的取向上,开始由前一阶段旨在促使农民工有序流动的管理引导,进一步转向扶持农民工进城就业,具体措施包括:逐步放宽农民工进城条件,降低和逐步撤销农民工进城就业门槛;逐步放松、解除对农民工进城的管制,变管制为救助(在这方面,2003年的"孙志刚事件"起到了催化助推作用),并减少对农民工不必要的管理;逐步统一劳动力市场,加强对农民工的就业服务,维护农

① 徐昕:《为权利而自杀——转型中国农民工的"以死抗争"》,载吴毅主编:《乡村中国评论》(第2辑),山东人民出版社2007年版。

民工的合法权益等。所有这些,都体现在这一时期国家发布的一系列重要文件中,如 2003 年 1 月国务院办公厅发布的《关于做好农民进城务工就业管理和服务工作的通知》,2004 年 12 月国务院办公厅发布的《关于进一步做好改善农民进城就业环境工作的通知》,2005 年 5 月劳动和社会保障部发布的《关于废止〈农村劳动力跨省流动就业管理暂行规定〉及有关配套文件的通知》,以及 2006 年 3 月国务院发布的《关于解决农民工问题的若干意见》等。在这一阶段,而就农民工这个群体本身而言,其构成和规模都于此时发生了引人注目的变化:在构成上,随着新一代农民工的进入,农民工的受教育程度在逐年提高,与此相应,其平均进城务工年龄则有所提高;在规模上,到 2006 年,全国进城务工的农民工已达到 1.3 亿人,实际上已成为产业工人的主体。

杭州农民工在这一阶段的发展同样不可能与全国层面的状况完全脱节。当然,作为经济发达地区的一个省会城市,并且其本身在此时也正处于经济社会发展的一个健康良好的高涨时期,其农民工的发展也不可避免地会有自身的特点。总体上讲,杭州农民工在这个阶段的基本发展状况和特征表现为以下几个方面。

第一,在建立城乡统筹的就业机制、扶持农民工进城就业、促进公平流动方面,浙江省走在了全国的前面,杭州在某些方面又走在了浙江的前面。当然,这既与杭州作为经济发达省份的省会城市这一地位有关,同时也与行政体制改革使地方有了更多的相对自主权有关。浙江省从 2000 年开始城乡统筹就业试点工作,不过真正实质性地开展这项工作是在 2002 年 2 月实施的《浙江省劳动力市场管理条例》之后。而早在 2001 年 4 月,杭州市劳动局就发出了《关于进一步简化用人单位招用人手续有关问题的通知》,该通知废止了 1998 年市劳动局发布的《关于公布我市不准和限制招用外来劳动力行业和工种的通知》,同时规定杭州市各类单位从 2001 年起招用外来人员“不需再向劳动保障行政部门申报用人计划,不再使用《杭州市外来人员使用证》。用人单位可根据本单位实际需要,自主决定用人数量和工种岗位”。还规定用人单位可以通过委托职业介绍机构、参加劳动力交流洽谈会、网络、大众传播媒介、直接到劳动力资源地等等途径自主招用所需人员。这些规定大大方便了农民工进杭务工,也拓展了他们进杭的渠道。2004年8月,杭州市人民代表大会常务委员会第19次会议又通过了《关于修改〈杭州市外来暂住人员管理条例〉的决定》,该决定修改、取消了1998年颁布的原《管理条例》中不少对外来务工者(其主体是农民工)加以限制和区别对待的条款,为统筹就业亮起绿灯。特别值得一提的是,该决定所做的有关修改大大淡化了《杭州外来人员就业证》制度。到2004年11月,市劳动和社会保障局就正式发出通知,取消了这一制度。在某种意义上,这是杭州市统筹城乡就业、建立统一的劳动力市场、促进劳动力公平流动的一个具有标志性意义的举措。而在全国和全省层面上,都要到下一年才有类似的举措。2005年12月,中共杭州市委、杭州市人民政府又先于国务院发布的《关于解决农民工问题的若干意见》而率先出台了《关于做好外来务工人员就业生活工作的若干意见》。该文件提出了做好外来务工人员就业生活工作的基本目标,要到2010年在杭州市区形成比较完善的外来务工人员服务管理体系和工作机制,使外来务工人员基本实现安居乐业。具体内容包括:①建立和完善工资支付保证制度,列入工资支付保证制度的企业覆盖率达到95%以上,保证外来务工人员工资按时足额发放,做到"有收入"。②坚持市、区、街道(社区)、企业和个人联动,逐步形成多形式、多主体、多渠道、多层次的外来务工人员住房保障体系,做到"有房住"。③最大限度扩大义务教育招生规模,保证凡符合有关条件的外来务工人员子女均能入学,做到"有书读"。④完善基本的医疗服务体系,扩大对外来务工人员的医疗服务,缓解外来务工人员"看病难"问题,做到"有医疗"。⑤适应外来务工人员特点的社会保障体系基本形成,社会保险制度日益完善,社会保险覆盖面进一步扩大,做到"有社保"。⑥组织化程度进一步提高,符合条件的外来务工人员加入工会组织的比例达到70%以上,外来务工党员纳入企业或社区党组织管理,做到"有组织"。《关于解决农民工问题的若干意见》的出台在某种意义上既是历年来杭州市政府和有关部门推动建立城乡统筹的就业机制、促进劳动力公平流动、服务扶持农民工之工作的一个总结,也是其决心进一步从整体上全面解决农民工问题、使农民工真正转变为"新杭州人"而加入到"共建共享生活品质之城"的行列中来的一个标志,在杭州市农民工政策的发展历史中具有里程碑的意义。在很大程度上,正是由于政府以及社会各界的这种服务、扶持农民工的努力,2007年2月,杭州得以被评为"最受农民工欢迎城市"。

　　第二,在农民工群体本身的数量规模上,与此前尽管在总体上呈扩张但在扩张中或多或少有所起伏的情形不同,在这个阶段,由于杭州市经济的持续增长而产生的对外来劳动力的旺盛需求,由于政府和社会各界扶持、服务农民工的一系列努力,当然,也由于国家在宏观层面上对农民工跨省、跨地区流动的扶持,来杭农民工的数量呈现持续迅速扩张的趋势。如今,一方面,农民工作为"新产业工人阶层"已成为杭州产业工人的主体;另一方面,外来农民工则已成为杭州农民工的主体。据杭州市劳动和社会保障局2004年的一个调查统计,在市区进城农民工中,来自本省的占36.9%,而来自外省的占了63.1%。实际上,这一点,从"表1-2"的数据同样可以清楚看出。

表1-2　2001—2007年杭州市农村"外出劳动力"人数和外来务工者人数①

(单位:万人)

年　份	2001	2002	2003	2004	2005	2006	2007
外出劳动力人数	33.93	36.51	38.65	41.02	43.22	44.12	
外来务工者人数	64.23	85.19	108.65	117.38	137.59	147.90	225.97

---

　　① 外出劳动力数据来自1993—2000年历年《杭州市统计年鉴》,外来务工者数据来自杭州市公安局档案室。由于74页注①所指出的相同的原因,外来务工者中的非农民工要少于没有到公安部门登记的外来农民工。

　　第三,尽管如上所示,在这一阶段,来杭农民工的数量呈现持续迅速扩张的趋势,但也正是在这个阶段,和其他沿海经济发达地区一样,杭州的劳动力市场中也出现了需求大于供给的所谓"民工荒"现象,特别是在每年的年初和年末,由于许多农民工纷纷返乡探亲过年,这一现象更加突出。这表明,尽管政府和社会各界在扶持、服务农民工方面已做出极大努力,但是,为了满足杭州经济社会发展的需求,在吸引农民工来杭工作、扶持服务农民工在杭就业、帮助稳定农民工在杭安居乐业方面,还有许多工作要做。

中　篇

浙江省城市农民工
公民权发展状况评估

　　上篇中指出,公民权的发展是一个在不同群体之间的斗争、妥协、互动、调适中不断改写承认与排斥关系的进程,在柯耶夫所说的那种"普世无差异的国家"到来之前,这个进程一时看不到终点。但是,在某个特定时刻某个特定的、哪怕是在"家族类似"意义上的群体的某些具体公民权利的状况,表征了该群体于该时期在相应的一系列场域中遭遇的承认或排斥的情形。据估算,目前浙江省的城市农民工为1200万左右。在接下来的中篇中,我们就来考察一下这个数量庞大的群体某些具体权利的发展状况。

2 浙江省农民工的自由权利
——以人身权和财产权为核心

2.1 引 言

在我国,"自由"一词最早出现于汉魏时期,如《礼·少仪》中"请见不请退"条郑玄注:"去止不自由。"《三国志·吴志·朱桓传》:"桓性护前,耻为人下,每临敌交战,节度不得自由,辄嗔恚愤激",①由此可见,在我国古代,人们对"自由"一词的理解是"放任"、"任意"之意,因此,"自由"常常和否定或者贬义词一起出现。在西方,对"自由"的理解存在一定的分歧,其中最著名的区别就是伯林区分的"消极自由"和"积极自由"之间的差异,前者和我国古代所理解的"自由"意义相近,即"自由乃外在干预之解除"的任意,后者强调"自由控制、自为主宰",预设了理想自我对经验自我的主导统治,或者说,经验自我对理想自我的屈从,即"自由乃自己成为自己的主人"。"消极自由"以所谓英美传统的思想家洛克、密尔等为代表,"积极自由"以所属欧陆传统的思想家卢梭、康德、黑格尔等为代表。尽管不同思想家对自由的理解存在差异,但是就"自由"作为个体的一项基本权利而言,所有珍视自由的思想家都是赞同的,甚至可以说,是他们讨论自由的共同前提。在他们看来,自由的是个体一项自然的权利,个体拥有自由权是其

---

① 转引自秦晖:《田园诗与狂想曲》,中央编译出版社 1996 年版,第 164 页。

免于各种社会性外力奴役的基础性保证。而且自由可以塑造一个民族优秀的民族性格,在缺乏自由的社会中,"心灵与精神的普遍水准便将永远不断地下降",①自由能够让一个民族和社会"不至于沿着斜坡滑下去"。②

如果说,仅仅诉诸于自然权利等抽象的价值来声张自由的重要性未免难以让人信服的话,那么,我们还可以指出,现代社会的基本关系是以个体自由为基础的,这可以说是自由不可或缺的根本性的现实社会性理据。众所周知,作为现代社会发源地的西方社会的社会关系是围绕自由市场而建构起来的,而市场关系是以独立自由的个体为前提的交换关系,即自由的个体才具有自由交换的可能;同样,作为现代政治之基本表征的民主政治,不论是间接民主,还是直接民主,也是以个体的自由权为前提的:只有自由的个体,才能自主地参与,才能就公共事务有效地表达自己独立的意见;此外,以社会中介团体或者说结社为基本骨架而支撑起来的现代公民社会同样是以具有自由权的公民个体为基础的,只有拥有自由权的个体,才能推动作为主动的、自觉的组织化而不是被动的组织化的结社,只有这样的结社,才能成为一个健康的现代公民社会的核心要素,才能型构起国家、市场和社会之间的良性关系。③ 因此,不仅从抽象理念的自然权利方面,而且从逻辑和历史经验来看,个体"自由"同样也是人类应该追求的目标。

不过,在历史上,包括西方,虽然人们长期以来一直把自由权看成是公民首要的基础性的权利,但是,关于自由权具体包括怎样的内涵以及怎样从"可欲"变成"可得",则一直要到英国社会学家 T. H. 马歇尔才开始有社会学意义上的、比较系统的论述和思考。T. H. 马歇尔认为,公民权包含三方面的要素:市民的(civil)、政治的(political)和社会的(social)要素,"市民的要素由个人

---

① 托克维尔:《旧制度与大革命》,冯棠译,商务印书馆 1997 年版,第 36 页。
② 同上,第 35 页。
③ 王小章:《个体为本,结社为用,民主法治立基——小议公民社会》,载《社会学家茶座》2008 年第 5 辑(总第 28 辑),山东人民出版社 2008 年版,第 56—59 页。

自由所必需的权利组成"①,政治的要素主要指个体参与行使政治权力的权利,社会的要素是指个体作为政治共同体的一员享有分享所在共同体的社会财富和文明的权利。而个人自由所必需的权利包括:人身自由,言论、思想和信仰自由,拥有财产和订立有效契约的权利及司法权利。这些权利无疑是个体自由权所必需的前提条件。但是如果我们从自由权何以可得的角度来诠释 T. H. 马歇尔的观点,那么,我们实际上可以把 T. H. 马歇尔在《公民身份与社会阶级》一文中关于社会权利和社会阶级的论述理解为:社会权利有两方面的作用,一方面,能够保证公民自由权可得;第二方面,减少阶级的不平等。而从马歇尔的基本观点来看,社会权利的主要作用体现在第一个方面,因为,在他看来,自由权虽然是一种可欲的权利,但是在资本主义的市场竞争中未必都可得,而社会权利则可以作为自由权从可欲到可得的必要条件。第二方面只是作为社会权利获得后的可能结果,随着社会权利的实现,理论上会减少阶级之间的经济不平等。即他关注社会权利的目的是个体在自由市场经济社会中怎么样保障获得自由权(公民权利),而阶级的变化只是在此过程中一个可能的结果。② 由此可见,T. H. 马歇尔认为自由权的获得除个人自由所必需的权利(人身自由,言论、思想和信仰自由,拥有财产和订立有效契约的权利及司法权利)之外,在市场竞争的现代契约社会中,社会权利(当然也包括政治权利)也必不可少。不过在本研究中,由于其他章节还将专门考察研究对象的社会权利和政治权利,因此,所以尽管 T. H. 马歇尔认为在现代社会中社会权利以及政治权利是自由权必不可少的条件,但在此不具体涉及。

---

① T. H. 马歇尔等:《公民身份与社会阶级》,郭忠华等编译,凤凰出版传媒集团 2008 年版,第 10 页。

② T. H. 马歇尔等:《公民身份与社会阶级》,郭忠华等编译,凤凰出版传媒集团 2008 年版,第 22—34 页;王小章:《公民权视野下的社会保障》,《浙江社会科学》2007 年第 3 期。

2.2 浙江省农民工的自由权:基于
人身权和财产权的实证考察

"农民工"是改革开放以来随着我国社会经济体制和社会经济结构的双重转型而出现的一个规模庞大的特殊群体,是在我国特定的户籍制度下发生的农村劳动力转移的产物。"农民工"这一称呼混合了由户籍制度所确认的社会制度身份和由劳动分工所确定的职业身份。也就是说,农民工的户籍身份是农民,职业身份是非农行业的从业者,而在劳动关系中,则属于受雇者。广义的农民工包括所有其户口依然是"农民"、但却主要受雇从业于非农行业的劳动者,即它囊括了我国改革开放以来通过两种主要的农村劳动力转移方式从农业中转移出来的所有劳动人口:一是以"离土不离乡"的方式进入本地乡镇企业的非农劳动者,二是以"离土又离乡"的方式跨地区转移进入非农行业的农民务工者。狭义的农民工则单指后者,其中又主要指进入城镇的农民务工者。本研究主要是在狭义上使用"农民工"这一概念。依照陈诗达主编的《2007浙江就业报告——农民工问题研究》一书根据《中国区域经济统计年鉴》和《中国城市年鉴》对浙江省农民工的估算,浙江省2000年的农民工数量是1415.54万人,2001年的数量是1420.40万人,2002年的数量是1694.03万人,2003年的数量是1788.13万人,[①]而根据官方的数据,2005年浙江省农民工的总数在1200万人左右。[②] 很显然,虽然各年以及各种统计口径的农民工总量数据不完全相同,但是反映了一个同样的事实——浙江省农民工是该省经济活动中一个很庞大的群体,因此,对该群体进行各方面的社会学研究是非常有必要的。

---

① 陈诗达主编:《2007浙江就业报告——农民工问题研究》,中国劳动社会保障出版社2007年版,第56页。
② 习近平:《以建设和谐社会的理念有效解决好农民工问题——对浙江省农民工问题的调查与思考》,《政策瞭望》2005年第10期。

　　针对本章的研究主题,我们依据狭义"农民工"这一概念,根据研究对象——浙江省农民工群体自身的特点以及社会背景,我们以 T. H. 马歇尔的公民权理论结构作为参照,主要在其所认为的自由权的获得所必需的权利:人身自由,言论、思想和信仰自由,拥有财产和订立有效契约的权利及司法权利中,作了适当的筛选和组合。"言论、思想和信仰自由"在此不涉及。我们主要挑出几项对浙江省农民工群体在参与浙江省经济活动过程中,对其自由权影响较为基础性的权利——人身自由,拥有财产和订立有效契约的权利及司法权利。把"订立有效契约的权利"揉进"人身自由"和"拥有财产"这两项权利之中,在此基础上,当人身自由和财产出现纠纷时,对"司法权利"进行一定的考察,所以我们把这几项权利统称为人身权和财产权。由此,我们可以说,此处的"人身权"和"财产权"是个体成为独立主体参与经济活动时所必需的首要权利,而前者主要是指人作为社会主体所享有或者应当享有的、与人身不可分离的,不具有经济内容的权利;后者则主要是人身权的对称,即主体所享有的具有经济利益的权利。之所以把人身权和财产权作为农民工自由权的核心权利进行考察,是因为在以市场交换为主要交换关系的现代社会里,自由权虽然不只是但却主要是以人身权和财产权为必要条件的,如果个体缺乏对生命延续的权利以及人身自由的权利的享有,显然自由根本就无从谈起。同样,如果在市场交换的社会中个体缺乏对自身财产的处置和享有,那么个体的人身权的维护和个体发展的自由也就缺乏必要的条件,自由也就无法获得。因此,个体只有享有人身权和财产权,个体才有"从事或享受值得他去做的事"的必要条件,才具备"有最大的权力去使自己尽善尽美"的可能,所以,个体人身权和财产权是决定个体自由权的核心权利,也是主要反应个体自由权享有状况的两项基本权利。这里需要说明的是,我们只是说只有完全享有了人身权和财产权,农民工才有可能享有自由权,缺乏对人身权和财产权的享有就绝不会有享有自由的权利,但是,并不是说,享有了这两项权利就一定享有自由权,因为正如上文对自由权的理解所指出,自由权或者广义讲的自由既包括政治权利同时也是包括法律权利,缺一不可,而我们这里所涉及的人身权和财产权主要是从自由权的法律权利方面来讨论的。尽管如此,通过考察浙江省农民工对人身权和财产权享有状况,能够反映其自由权所需之必要条件的状况,进而可以体现出农民工对自由权享有的可能程度,以及导致其享有程度高低的人身权和财产权方面的深层次原因。因此,对浙江省农民工人身权和财产权以及以此为基础的自由权的考察,不仅可以描述其人身权和财产权的状况,更主要的是通过对人身权和财产权状况能够反映其享有自由权的可能性以及由此透视出的社会方面的原因。

2.2.1 人身权和财产权概念的具体化

上文提到,人身权主要是指个体作为社会主体所享有或者应当享有的,与人身不可分离的,不具有经济内容的权利,而财产权是人身权的对称,即主体所享有的具有经济利益的权利,主要包括物权、债权和知识产权。在此概念之内,结合农民工的特点,即,农民工是往返于城市工厂和农村农业之间的群体,在城市,他们是主要靠出卖劳动、特别是体力劳动的工人,因此,就人身和财产方面的权利而言,就必然主要牵涉到保障农民工劳动能力正常维持的权利和获得正常发展的权利,比如,生命安全和健康的权利、按时领取劳动报酬的权利等等;在农村,农民工是具有农村户籍这一社会制度身份的群体,自然和其所在的农村有不可割离的联系,这些联系所牵涉的权利不仅影响其从农村顺利迁徙入城市的自由,而且即使流入城市后,也对农民工在城市的权利享有具有重要的连带影响,因此,考察影响其顺利从农村迁徙入城市,以及在农村中的权利享有状况对其在城市中享有权利的程度的进一步影响是必不可少的,这方面主要包括与农民息息相关的土地和房屋的处置权。在考察农民工在农村和城市权利享有状况的基础上,同时考察其在这两个方面权利受到侵害时,通过合法程序维护自身权利的情况和阻碍其维护自身权利的因素,包括国家

的、企业的和个人的因素,比如,通过法律程序保护合法权益不受
侵犯的权利,以及了解在此过程中的各种阻碍因素。因此,根据
农民工在农村的农民户籍身份这一社会制度身份和在城市中的
工人这一职业身份的特殊性,即亦农亦工的双重身份,我们认为,
农民工的人身权和财产权可以分解为十五个方面的权利。而根
据农民工群体自身情况,选择这十五项权利在城市和农村与农民
工相关的各方面,每项权利又可以具体化为可以操作的权利。这
些权利及其具体操作化可表达如下:

1.禁止他人非法剥夺生命,防止生命危害发生的权利。

具体化为:正当防卫和紧急避险的权利。

2.健康维护的权利。

具体化为:在健康水平下降时,请求医疗接受医治的权利。

3.身体自由的权利。

具体化为:免于非法限制、拘禁身体自由的权利。

4.住宅安全的权利。

具体化为:享有所在居住处生活安宁、人身、财产安全的
权利。

5.个人财产的占有、使用和收益的权利。

具体化为:农地和房产的占有、使用和收益的权利。

6.劳动能力保护的权利。

具体化为:在劳动能力受到损害时,要求加害人给予赔偿的
权利。

7.改变生命危险环境的权利。

具体化为:要求改变工作中的危险环境,拒绝在危险环境中
工作的权利。

8.签订契约的权利。

具体化为:在确定雇佣意向后,要求签订劳动合同的权利。

9.获得劳动报酬的权利。

具体化为:在正常情况下,工资按时按量发放的权利。

10.休息的权利。

具体化为:法定假日休息的权利;加班时间获得报酬的权利。

11.劳动安全卫生保护的权利。

具体化为:要求进行定期健康检查;身体上的职业病要求治疗并调离岗位的权利。

12.同时享受失业和工伤的社会保险的权利。

具体化为:要求用人单位为其负担失业、工伤保险的权利。

13.迁徙自由的权利。

具体化为:自由择业的权利及自由返乡回城的权利。

14.通过法律程序保护合法权益不受侵犯的权利。

具体化为:在发生劳动争议时依据法律程序申请调解、仲裁和提起诉讼的权利。

15.个人财产的处置权利。

具体化为:对农地、地基和房产处置的权利。

以上十五项权利都是农民工作为社会主体,参与社会活动、特别是在参与市场经济活动不可缺少的权利,因此,我们认为,农民工作为市场经济社会的社会主体必须全部拥有了以上十五项权利,才是具有自由权的社会主体。

2.2.2 浙江省农民工的自由权状况

在上面所列出的十五项权利之内,通过对具体化权利的进一步操作化,针对不同行业(服装、建筑、餐饮和小商品)发散出由一系列问题组成的访谈提纲和调查问卷,根据个案访谈和问卷调查在浙江省不同的市区收集关于农民工人身权和财产权的原始资料。通过对400份有效问卷资料的整理分析,我们得到下面这个反映浙江省农民工自由权发展状况的柱形图(图1中横轴表示各种权利,纵轴表示享有这种权利的相应人数)。

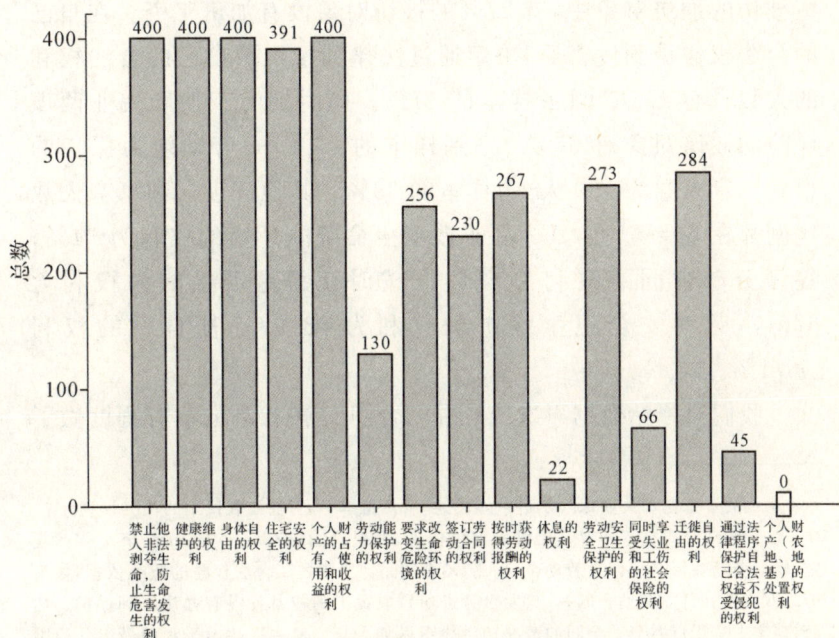

图 1　浙江省农民工自由权发展状况

图 1 反映了浙江省农民工享有以上十五中权利的具体情况。从图中可以看出,在前五项权利中,"住宅安全的权利"一项,只有 9 个被访对象遭受过非安全因素的侵害,或者感觉住所存在安全隐患,占样本的 2%,即完全享有前五项权利的比例为 98%,前四项权利都是和个体生命保护相关的权利。从对这几项权利的享有比例来看,我们看出,浙江省农民工作为具有生命的个体,他们绝大部分已经享有了维护自己生命的权利,即免于被他人和组织非法剥夺生命的权利。所有人都享有个人财产的占有、使用和收益的权利,即对自己的农地和房产的占有、使用和收益的权利,这些权利是财产权的重要组成部分之一。而对与其息息相关的土地和地基的处置权却无人享有,即无人有权变卖家里的土地和地基。"休息的权利"即每周工作五天每天上班八小时、节假日休息的权利只有 22 人能够达到,不到样本的 6%,而且我们发现,在这

些被访的加班对象中,有 27% 的被访对象没有加班工资。在自己的合法权益受到侵害后,决定通过法律程序维护自己的合法权利的人数只有 45 人,只占样本的 11%。同时拥有工伤和失业两项保险的被访对象有 66 人,不到样本的 17%。[①] 劳动能力保护的权利享有人数为 130 人,占样本的 33%。其他五项权利享有人数比例都在 50% 以上,其中要求改变生命危险环境的权利为 64%,签订劳动合同的权利为 58%,[②] 按时获得劳动报酬的权利为 67%,[③]劳动安全卫生保护的权利为 68%,迁徙自由的权利为 71%。

我们对原始数据再次统计并结合图 1,按权利的享有程度做了

---

① 关于工伤和失业保险的进一步阐述,可参见本书之《浙江农民工的社会权利》。

② 劳动合同是劳动者劳动权的直接体现,根据我国《劳动法》第 16 条第 1 款的规定,建立劳动关系必须订立劳动合同。劳动合同是保障农民工合法权益的法律依据,如果劳动双方没有订立劳动合同,一旦发生劳资纠纷农民工的权益就没有办法得到保护。然而,现实中实际订立劳动合同的情况却往往不尽如人意。雇主往往出于利益最大化原则的考虑,而拒绝与农民工签订劳动合同。这样,受宪法保护的平等就业权无形之中就受到了侵害。不过,应该看到,近年来浙江省在解决农民工问题的过程中,在这方面做出了很大努力,也取得了不小的成效。从 2003 年开始,省政府就将劳动合同签订率列入对各级地方政府实行工作目标责任制考核内容,推动了劳动合同制的全面实施,到 2006 年,包括农民工在内的企业全员劳动合同签订率,已经从 2003 年的 78% 上升到了 89%。(陈小恩:《以维护农民工合法权益为抓手,促进我省和谐建设步伐》,《浙江劳动与保障》2007 年第 1 期)2006 年,浙江省政府进一步在全省部署实施全面推进劳动合同制度三年行动计划,全省各地市都纷纷开展以劳动合同签订为主要内容的劳动用工情况大检查,争取在全省范围内全面实行劳动合同制。据有关部门调查,到 2007 年,浙江省农民工劳动合同签订率达到 88.7%(国家统计局:《浙江省覆盖城乡的时候保障体系基本建成》,http://www.stats.gov.cntjfxdfxx/t20080204)。当然,由于统计或抽样口径上的问题(如大量散工往往不进入政府部门的统计或抽样口径),上述具体数字肯定会有出入。

③ 拖欠农民工工资问题是长久以来一个众所关注的问题。据中华全国总工会的统计资料显示,目前全国被拖欠的进程务工人员工资总额高达 1000 亿元。同样应该承认,在解决这个问题方面,浙江省也做出了很大努力,走在了全国的前列。浙江省从 2005 年开始着手在全省开展了大规模的清欠农民工工资专项行动。除此之外,浙江省开通了覆盖全省所有市、县的“12333”专线举报投诉电话,畅通了农民工的维权投诉渠道,初步建立了农民工工资支付保障的长效机制,据有关部门统计,截至 2007 年,浙江全省 98% 的农民工能按时足额兑现工资(国家统计局,《浙江省覆盖城乡的时候保障体系基本建成》同上)。当然,同样地,由于统计或抽样口径上的问题,具体数字会有出入。

进一步的归类,得到分类统计的浙江省农民工自由权发展状况图 2
(图中横轴表示归类的权利,纵轴表示享有这些权利的相应人数):

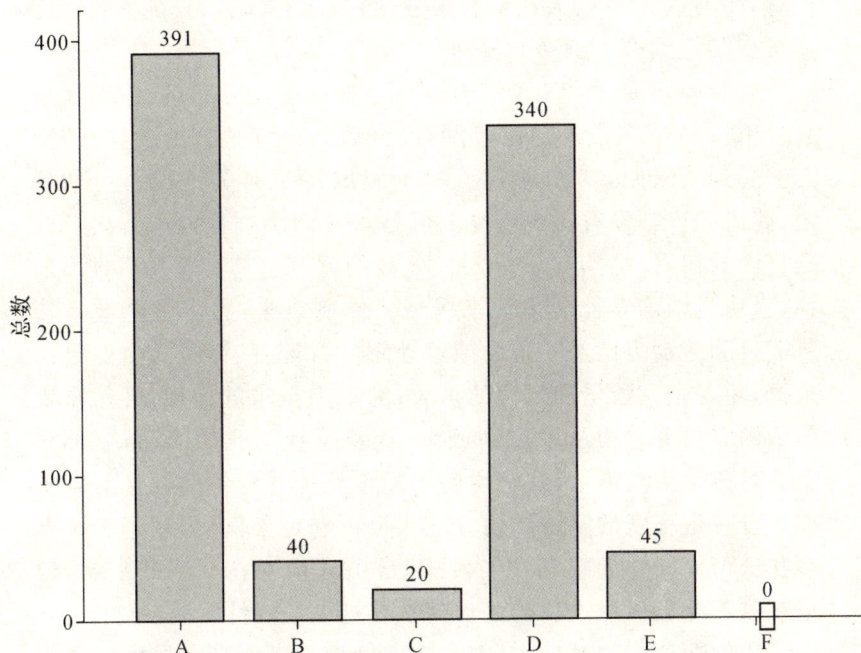

图 2　分类统计的浙江省农民工自由权发展状况

A. 享有图 1 中前五项权利中的所有权利

B. 仅享有图 1 中前五项权利中的所有权利

C. 享有图 1 中前十四项权利中的所有权利

D. 享有图 1 中前五项权利中的所有权利而且享有六到十三项权利中的部分权利

E. 通过法律程序保护自己的合法权利不受侵害

F. 享有对农地和地基的处置权利

在 15 项权利中,除了个人财产(土地和地基)的处置权利是
国家法律明文禁止、迁徙自由的权利未作规定之外,其他的 13 项
权利都是国家明文规定作为中华人民共和国公民应当享有的权
利。可是从图 1 和图 2 所反应的浙江省农民工在经济生活中享

有权利的实际情况来看,10％的人只享有前面五项权利而完全不享有第六项到第13项的权利,仅有5％的人对前十四项权利完全享有,而高达85％的人在享有前五项权利的基础上只是不同程度地享有第六到第十三项的权利。

众所周知,我国1954年的《宪法》曾规定:公民有居住和迁徙的自由,1958年《户口登记条例》出台后,公民的"自由迁徙权"事实上受到了限制,1975年《宪法》干脆取消了有关迁徙自由的规定,此后一直都没有得到恢复。可是从我们调查数据中看出,"迁徙自由的权利"的享有却有71％之高的比例。其实这并不难以解释,自从我国确立社会主义市场经济体制以来,大多数企业运转所需要的劳动力已经不再由国家计划安排配备,而是靠企业自己招揽,随着企业数量和规模的扩大,劳动力需求的增加,必然需要剩余的农村劳动力从农村到城市、从农业到工业的流动,以补充企业对劳动力的需求,这也说明了靠市场配置资源的社会对自由权具有一定程度的解放作用,虽然《户口登记条例》限制了农民享有和城市人同样的权利,对农民的自由迁徙存在一定的限制,但是在改革开放后对农民的流动却没有过大的硬性阻碍。

我们在调查中发现,对农民工迁徙自由真正存在较大阻碍作用的是国家明文禁止的农民对土地的自由处置权。尽管《中华人民共和国土地管理法》规定,集体所有的土地依照法律属于村民集体所有,因而,从理论上讲,土地归村民集体所有,那么每个生长在村庄里、具有村民资格的集体内成员都应该分享土地的所有权,而既然拥有所有权,那么相应地,也应该拥有与之相联的土地处置权。但是,在肯定农村土地集体所有、家庭承包的前提下,《中华人民共和国土地管理法》第二条却规定:

任何单位和个人不得侵占、买卖或者以其他形式非法转让土地。土地使用权可以依法转让①。

同时也规定了承包方(农民)的权利和义务:

———————————

① 《中华人民共和国土地管理法》,法律出版社2004年版,第5页。

第十六条　　承包方享有的权利：

（一）依法享有承包地使用、收益和土地承包经营权流转的权利，有权自主组织生产经营和处置产品；……

第十七条　　承包方承担下列义务：

（一）维持土地的农业用途，不得用于非农建设；

（二）依法保护和合理利用土地，不得给土地造成永久性损害；……①

禁止农民对农村土地的处置权，对农民迁徙进城务工有很大的阻碍。被访对象 JTD 说：

> 现在土地没人要，送人种植别人都不想要，现在做农业找不到钱，种子、化肥、农药就要花好多本钱的，如果加上劳力钱，只有亏本，都不愿意做农业了，都往外面跑，在家里的人自己的地都做不完，他拿别人的地去也就做不出来了。我家里的土地是我兄弟看管的，我没要他交租，他也没要我给看管费，一家人嘛，他怎么也要帮帮忙的了。这个东西很麻烦的，丢了不管，几年就变荒地了，政府要找麻烦，说我承包了地就不能让土地荒起来。而且万一以后城里呆不下去了，回去的话，土地都成荒地了吃什么啊？！现在卖又不敢卖。我和我兄弟轮换进城，去年我在家里做农业，就是因为找不到人管土地。外人不愿意帮这个忙，费力不讨好。

从 JTD 的谈话中可以看出，他的困难正在于对土地没有处置权——"现在卖又不敢卖"。当土地对农民来说不是一种可以自由处置的财产，在做农业"不找钱"的形势下，送人土地其实是请人承担看管的义务。当农民进城务工而不再生活在农村，他们却不但无法把使用的土地当成一种资产进行处置，而且同时对农村土地负有看管的义务。很显然，在这种情况下，土地不仅没有成为农民进城安家的资本，而且还成了他们进城务工的一块绊脚

---

①　《中华人民共和国农村土地承包法问答及实施指南》，中国农业出版社 2002 年版，第 3—5 页。

石,从而其迁徙进城的自由受到了极大的限制。可以看出,在我们调查的浙江省农民工样本中,虽然有71％之高的比例的农民工认为自己享有"迁徙自由的权利",但是实际上,其进城流动的意愿受到土地处置权问题的极大限制。需要指出的是,对土地自由处置权的缺失,除了承包责任地,还反映宅基地方面。由于农民对宅基地不具有所有权,而不具有自由处置权,农民建造于土地上的房屋变成了空中楼阁,这直接导致了其房屋不能进入市场,妨碍了房屋的价值。这同样阻碍了农民进城务工、安家的自由。JTD谈到:

> 虽然我有自己住的房子,但是自己住住还可以,要卖出去就不值几个钱了,因为不像城市的房子,买了就有产权证。我们农村的房子只有建房证,买了要拆走,在自己的宅基地上建起来才可以自己住。所以卖房子只是卖房子的材料,旧材料不值钱,别人都愿意买新的材料建房的了。所以不好卖出去的。

农民在宅基地上建造的房子只能自己住,要卖只能是卖建房屋的材料,而不能作为真正意义上的房产出手。可以看出,对土地(包括宅基地)自由处置权的禁止,就像间接地阻碍农民进城一样,也间接地阻碍了农民财产权的享有,使农民的财产权相较于城市居民来说,处于一种相对缺失的劣势地位。这必然降低农民工在"赢家通吃"的市场经济社会中的竞争能力,使其处于先天相对弱势的状态。

除了国家的法规政策的限制之外,笔者在调查中发现,对人身权和财产权的享有程度主要还与被访对象的文化程度、其所在工作单位的性质等有一定的相关性。

被访对象的文化程度不仅影响其能进入任何种性质的企业单位,而且,文化程度不同的农民工即使在同一单位,对权利的享有也有很大的不同。这里有两方面的原因。一方面是公司对不同学历员工采取不同的激励方式。笔者发现,职工的差异权利是一个重要的激励方式之一。比如,当问及劳动合同和工伤保险

时,被访对象 ZHQ(礼仪公司普工,初中文化程度)说:

> 我是临时工,公司没有给我买工伤保险。干我们这一行
> 受伤也是家常便饭,小伤就自己花钱买点药涂一下,严重一
> 点的话就找老板给点医药费,老板会看伤势的情况给一些,
> 多少不一定,差的钱自己补上去了。有次我焊架子,脚底被
> 三角钢刺了好大的一个口,像小孩的嘴巴那么大,老板给了
> 我五十块钱的医药费,让我养了一个星期才上班,做点轻松
> 的活,好得差不多了才开始正常干活。公司给有些人买了工
> 伤保险的,他们都是有中专以上文凭的,他们在工作中受了
> 伤可找保险公司,我初中文化,不够签合同的资格,所有也没
> 有保险。

ZHQ 的"遭遇"反映了公司对不同学历的员工在权利上的差
异对待,不能签订劳动合同,也不享有工伤保险的权利,这两项权
利只作为了公司对高学历员工的激励。显然,像 ZHQ 这种情况
对于工伤的补偿不可能依照固定的标准,只能是老板酌情考虑后
给予医疗补偿。

文化程度对于权利享有程度的第二方面影响是:当不同学历
的农民工权利缺失或者被侵权时,争取重新获得缺失的权利或者
赔偿的意向也不一样。中专毕业,从事小商品销售工作的 LJ 在
谈到拖欠工资的话题时说:

> 老板当然得按时给我发工资的啊,他不发工资怎么行
> 呢?! 我给他干活了的啊,他要拖欠我的工资得给一个说服
> 我的理由,他没有道理无缘无故拖欠我的工资的,老板要真
> 无理欠我的工资,我会去劳动局告他,要劳动局解决不了,我
> 会直接和他纠缠,直到拿到我的工资为止,我怕什么呢? 这
> 是我应该得的钱啊,再说我在这里只有我自己一个人,什么
> 也没有,老板有店在这里啊,我天天来他店里闹,他会不给我
> 工资吗? 我刚开始上班的那个月,老板也想晚些时间给我发
> 工资,一个月时间到了,他好像忘记发工资的事情一样,若无
> 其事,我直接问他要,他说让我先干活,我说我要买东西急需

用钱,而且他只要不给工资,他安排任务我也不开工,他只得给钱了啊。最后几乎每次他都会按时给了。

同一小商铺同样从事销售工作,初中肄业的 HWM 则说:

> 我领工资的时间不固定,有时候一个月领一次,有时两个月领一次,三个月也有,我刚来的时候半年后我回家过年时才一起领的,有时候是老板想不起来,有时候我自己不缺钱花也不好意思怎么问他要,不过我每个月都是自己记账了的,老板该给我多少,我心里有谱的,有时候相差几十块钱我也不和他计较,相差太多我会给他说。我们老板我觉得还算好的,起码他拖拖还会给的。万一遇到不讲理的老板,不给就不给,他整天也不在店里的话,找也找不到他,也没办法。也不知道该找什么地方解决这个问题,遇到这种情况,只有凭老板的良心喽。

工资作为农民工的劳动报酬,是农民工财产权的重要组成部分,由于农民工进入城市只能依靠自己的劳动所得生存和发展,因此,对于农民工来说,工资也是享有人身权的重要外部条件。虽然同在一个商铺,但 LJ 和 HWM 之间的差异对于按时领取工资权利的态度存在很大的差异,前者显然认为按时领取工资是他理所当然应享有的权利,并且会想尽办法维护自己的这项权利,包括法律的渠道。而 HWM 则是自己"不好意思"、凭老板的"良心"等等,他没有认为按时领取自己的劳动报酬是自己的权利,而且在权利被侵害后,他不知道通过什么法律程序去维护自己的权利。

因此,我们可以看出,文化程度对浙江省农民工的权利享有意识以及通过法律程序维护自己权利的意识和动机都有很大的影响,文化程度的不同,直接导致了浙江省农民工在人身权和财产权享有程度上的差异,这是浙江省农民工在自由权的享有程度上参差不齐的主要原因之一。

其次,农民工所在工作单位的性质也与其权利享有程度有很大的关系。在国有企业单位、国有事业单位、政府部门以及外资或合资企业的农民工权利享有程度比较高,可是在这四类单位工作的农民工总量很少,只在 10% 左右,而将近 90% 的农民工都在其他类型的企业(私营企业、小型个体工商户、乡镇或其他集体企业)工作,在这三种企业中,受雇于小型个体工商户的农民工基本上没有签订任何劳动合同,大多数劳动关系都是口头协议,工资发放的时间也不固定,而且受经济形势变化的影响,受雇时间也很随意。刚被解雇的 XDD 曾受雇于一家产品主要靠出口的个体工商户,她向笔者述说了被解雇的经过:

> 我刚进去的时候老板说要一年后才能离开,还把我第一个月的工资扣了 300 块,要我上班过一年才给我,可是最近以来生产的东西卖不出去了,好多货都堆起来了没人要,我们一起的几个工人断断续续的空了大约一个星期没干活,货还是没销完。上个月结束的时候,老板就让我们在一个暂时辞工的字据上签名,上面说的暂时辞工。回来我问别人才知道,我们上当了,老板是因为货卖不出去,如果按当初说好的一年的时间下去他要吃亏,但是又怕直接不让我们去上班了我们不接受,所以让我们签个暂时辞工的字据。把以前扣的300 块钱也和工资一起发给我了。

从 XDD 被解雇的经过中可以看出,她受雇于这家公司除了在被解雇的时候,老板为了推脱责任免于后续的麻烦而让她签订一个“暂时停工”的字据之外,其他都是口头协议,当初老板克扣工资是怕她提前离开,接下来签字据是怕她不离开。因此,在个体工商户工作的农民工几乎完全处于被动地位,雇主完全根据自己的利益最大化原则来行事,而农民工的权利则处在被严重侵害的状态。除此之外,据我们估算,受雇于私营企业、乡镇或其他集体企业的农民工占浙江省农民工总量的一半左右,由于很难再在这些公司中作进一步的划分,所以此处不做详尽的分析。不过,依然可以笼统地认为,他们的权利享有程度同样因为所在的公司,以及农民工自己的文化程度和工种职业的不同而不同。

从总体来看,我们认为,在我国现阶段的市场经济社会中,由于受国家政策对农民工自由流动的限制（主要是禁止农民对土地的处置权以及包括限制迁徙自由的户籍制度），以及农民工的文化程度、农民工受雇单位的性质等因素的影响，作为参与浙江省经济社会活动的社会主体之一的农民工的人身权和财产权还处于一种不完全的、甚至可以说是比较严重的缺失的状态，相应地，以此两项权利为必要条件的农民工的自由权的实现也就存在着相当的障碍。

2.3 社会主义市场经济与农民工的自由权

"市场"既是资源配置和组织生产的机制，同时也是社会财富的分配机制。市场的这种二重属性体现出其既与公民自由权相互促进因此对自由权具有进一步的解放作用，同时也有对自由权分化排斥的阻碍。[①] 市场对自由权的解放作用主要体现在，其一，作为整体市场之有机部分的劳动力市场要求、进而推动劳动力摆脱各种人身依附和束缚，而能够自由地进入市场；其二，市场的运作逻辑要求公民具有自由让渡资源和处置资源的权利，包括对劳动力、资本和土地自由让渡和处置的权利，以及在让渡和处置资源的过程中自由获取报酬的权利。但是，与此同时，我们也必须看到，市场经济是在自由竞争的前提下，以私有财产为基础而运行的，在市场机制下的经济活动中，每个人均会利用自身的资源和各种有利条件，想方设法追求自身利益的最大化，而由于各种各样先天和后天的原因，各个市场参与者可以利用来进行竞争的资源和资本是不一样的，因此市场竞争的结果不可避免地会导致强者越强弱者越弱的循环，导致优胜劣汰，最终使部分人——市场竞争中的失败者——的自由权利无法真正实现。须知，公民的自由权利，即使在法律上得到了肯定，其真正成为公民个人实际生活中的现实也还需要各种切实的经济的、社会的条件，当市场

---

① 王小章：《公民权利、市场的两重性和社会保障》，《学术论坛》2007 年第 7 期。

竞争的结果是一部分人失去了这种条件时,其法定自由权也就将变成束之高阁寿终正寝的一纸空文。而这就是市场对公民自由权的分化排斥作用。由此可以看出,在市场经济中,对于自由权来说,公民必然会遭遇"市场"这把双刃剑,也正因此,包括 T. H. 马歇尔在内的许多数西方知识分子都认为,在市场经济的社会里,虽然"市场"是基本的资源配置方式并对自由权有一定的促进作用,但是它本身并不能保证公民自由权的获得,尤其不能保证所有公民都一定能享有自由权,因此,国家作为公众利益的代表需要平衡市场运作所导致的公民自由权缺失这一负面效应,既要从法律上保障公民的自由权,又要从制度上使公民能真正享有自由权,只有国家出面平衡市场对自由权的阻碍才能避免公民自由权的缺失,从西方市场经济发展的历史来看,也大体遵循了这一原则,即自由市场与国家干预共同作用下的经济社会运作模式,而抛弃了纯粹由自由市场或者完全由国家干预的极端经济发展模式。

浙江省作为我国的发达省份之一,经济社会发展走在全国前列,可就我们对浙江省农民工的自由权的调查所反映的情况来看,虽然在市场经济的运行发展中,由于如上所述的市场本身对自由权所具有的释缚解放作用,农民工的自由权相比于改革开放前有了大幅度的提高,但是就整体情况而言,农民工的自由权,特别是作为自由权的核心要素和自由权得以真正实现的必要前提的人身权和财产权方面,仍然存在很大的障碍,或者说还处于相对缺失状态。这种障碍或缺失主要来自两个方面,或者更正确地说,来自两个方面的相互作用:其一,国家某些政策法规的束缚和限制。如上面所述的国家对于农民的土地自由处置权的明令限制、作为一项正式制度至今尚没有发生根本改变的户籍制度等等。这些制度既直接限制了农民工的自由权,也间接地限制、束缚了农民工在进入城市后的其他一系列权利的争取或被承认。其二,如上所述,市场竞争的结果不可避免地会导致强者越强弱者越弱的循环,导致优胜劣汰,最终使部分人——市场竞争中的失败者——的自由权利无法真正实现。而对于农民工来说,上面所说的来自国家某些政策法规的束缚和限制使其在进入市场之时、特别是在进入劳资关系之时,即处于一种制度性的劣势地位之中,而作为相对优势的一方,资方必然会利用对方的这种劣势而使自己的利益最大化,兼之在目前的劳资关系中,国家劳动部门的监管常常缺位,其造成的总体结果就是:在参与市场运行的过程中,农民工的自由权就受到限制而大大小于、弱于其他市场主体,而市场竞争的结果,又会加剧农民工的相对劣势,造成其自由权的真正实现所必需的那些前提条件的匮乏。确实,我们在上文中提到,浙江省农民工自由权的缺失还与农民工的文化程度等有一定的相关性,但是,我们必须指出,对于"农民工"这个特定的"社会群体"而言,相比于其成员自身的文化程度等因素,国家对于他们的正式(制度性的)与非正式的、直接与间接的限制与束缚,或者换一种角度说,国家对于他们作为公民的平等自由权和其他与自由权密切相连的权利的肯定、承认与保护的缺失,以及在市场关系的确立、运行过程中,其他市场主体,特别是作为农民工主要雇主的资方,利用国家对于农民工的上述各种现有的限制与束缚以及监管的缺位,从而强化了市场本身对于市场中的弱者之自由权所固有的排斥、压抑作用,无疑是他们自由权缺失和受损的主要因素。这,对于浙江的农民工是如此,对于全国的农民工来说,大抵也是如此。当然,这也表明了在农民工争取自由权的进程中,目前所应该努力的主要方向。

3 浙江省农民工的政治权利
——以选举权和工会入会权为例

3.1 政治权利与农民工

按照马歇尔的经典观点,公民身份包含三方面的要素,即:"公民的要素(civil element)、政治的要素(political element)和社会的要素(social element)。公民的要素由个人自由所必需的权利组成:包括人身自由,言论、思想和信仰自由,拥有财产和订立有效契约的权利以及司法权利……政治的要素,我指的是公民作为政治权力实体的成员或这个实体的选择者,参与行使政治权力的权利……社会的要素,我指的是从某种程度的经济福利与安全到充分享有社会遗产并依据社会通行标准享受文明生活的权利等一系列权利。"[①]马歇尔是结合了几个世纪以来英国社会中公民权利的历史发展而作出上述分类的。他认为,18 世纪是 civil 确立的时代,19 世纪是政治权利的时代,而 20 世纪(上半叶)则是社会权利的时代。尽管有些学者已经对马歇尔的表述提出了种种质疑,不过,从总体上看,马歇尔还是道出了一个历史发展的基本趋势。而只要稍稍深入地考察分析一下,就可以发现,这个历史发展的基本趋势实际上又是合乎逻辑的,因此可以说体现了黑格

---

① T. H. 马歇尔:《公民身份与社会阶级》,载:T. H. 马歇尔、安东尼·吉登斯等著:《公民身份与社会阶级》,郭忠华、刘训练编,凤凰传媒出版集团、江苏人民出版社 2008 年版,第 10—11 页。

尔、马克思所说的"历史与逻辑的一致"。Civil right 有时又称为公民基本的法律权利,它所肯定的,事实上是消极意义上的身份平等和自由,其核心是人身自由和财产权。这是(资本主义)自由市场所必需的。因为只有在人们能够作为平等的市场参与者进入市场的情况下,市场才能发挥作用。但是,civil right 或者说公民基本的法律权利的显而易见的弱点在于,体现它们的法律本身可能是片面的。"法律虽然应该作为游戏规则而发挥作用,但是,有时游戏规则对一方比对另一方更为有利。"① 只要不是一切公民都有机会把他们的利益、意见纳入制定法律的过程,法治国家就会放过一些严重的应得权利的差异。正因在此,政治权利成了对公民权利或者说公民基本的法律权利的一种必要的补充,或者说为捍卫后者的真实有效性提供了一种必要的前提条件(而社会权利则又是法律权利和政治权利的必要的补充和前提)。当然,这样说,并不意味着政治权利仅仅只是公民权利的派生物,正如从亚里士多德到阿伦特等许多思想家所强调的那样,在很大程度上,参与政治生活(公共生活)乃是体现人之为人的本质属性的基本方面。② 因此,说政治权利是对公民权利或者说公民基本的法律权利的一种必要的补充并不妨碍政治权利本身的独立性。事实上,马歇尔本人也承认:"在 19 世纪的资本主义社会里,把政治权利视为公民权利的一种副产品是恰当的;但在 20 世纪应当放弃这种观点,并将政治权利视为公民身份本身直接的、独立的组成部分,这同样是恰当的。"③

在马歇尔这里,公民政治权利的具体内涵包括选举和被选举权、结社自由、舆论自由、集会和抗议的权利等等。当然,不同的研究者立足于不同的社会时代背景、从不同的角度出发,对政治

---

① 拉尔夫·达仁道夫:《现代社会冲突》,林荣远译,中国社会科学出版社 2000 年版,第 54 页。

② 冯婷:《消融在消费中的公共领域》,《社会学研究》2007 年第 2 期。

③ T.H.马歇尔:《公民身份与社会阶级》,郭忠华、刘训练编,凤凰出版传媒集团、江苏人民出版社 2008 年版,第 17 页。

权利的具体内涵会有不同的表述。如将公民权从总体上划分为
"法律权利"、"政治权利"、"社会权利"和"参与权利"的美国社会
学者雅诺斯基认为,政治权利的内涵应包括:①个人的政治权利:
穷人、不同性别、不同民族/种族、不同年龄和归化移民的投票权,
竞选和担任公职权利,成立和参加政党权利;②组织权利:政治游
说权,政治募捐权,立法和行政咨询权,政治谈判权;③归化权利
(成员资格权利):居留归化权,获取归化手续信息权,避难权;④
反对权:居少数地位者要求平等和公正对待的权利,政治信息和
查询权利,社会运动和抗议权利。① 不过,不管怎样表述,不管在
不同的表述中政治权利的内涵会有怎样的差异,作为公民个体的
政治权利的核心始终是公民对于其生活于其中的政治共同体的
公共事务、对于政治过程的参与和控制权。政治权利是通往政治
公开性的入场券。如果说,个体是公共性和私人性的统一体,而
公民则是个体所具有的公共性的抽象,那么,政治权利则是对其
公共性的最直接的正式表达与肯定。

　　今天,在不同的国家与地区,由于社会历史和政治体制的不
同,公民政治权利的发展状况和水平差异很大。② 实际上,即使在
同一个国家或地区的不同群体之间,也常常如此。我国的宪法和
其他相关法律赋予了我国公民一系列政治权利,包括选举权和被
选举权,集会、游行、示威权,结社权,对国家机关和工作人员的批
评建议权,对国家机关和工作人员违法失职行为的申诉、控告、检
举权等等③。从理论上讲,农民工作为中华人民共和国的公民,无
疑也享有所有这些政治权利。但是,事实上,权利在法律上获得

---

　　① 托马斯·雅诺斯基:《公民与文明社会》,柯雄译,辽宁教育出版社2000年版,第
39—41页;托马斯·雅诺斯基、布雷恩·格兰:《政治公民权:权利的根基》,载恩斯·伊
辛、布雷恩·特纳主编:《公民权研究手册》,王小章译,浙江人民出版社2007年版,第20—
22页。

　　② 托马斯·雅诺斯基、布雷恩·格兰:《政治公民权:权利的根基》,载恩斯·伊辛、
布雷恩·特纳主编:《公民权研究手册》,王小章译,浙江人民出版社2007年版,第41—46
页。

　　③ 《中华人民共和国宪法》第二章。

承认到真正为公民所现实地享有之间,还存在着很大一段距离。这是因为,其一,某些权利本身是互倚的,假如法律规定了一种权利而没有肯定它所倚靠的另一种权利,那么这种权利是虚假的,比如,我国宪法规定了公民具有对国家机关和工作人员违法失职行为的申诉、控告、检举权,但由于没有相应地规定知情权,因而,前者所谓的申诉、控告、检举权也就往往落空;其二,有些权利尽管在宪法中获得笼统的承认,但在现实具体的落实过程中,当政者为了自身的利益往往会设置一系列障碍;其三,即使没有前两个方面的因素,也还有一个影响因素,即政治权利本身并不是自足的,公民要真正拥有行使政治权利,需要掌握某些必要的资源,而这些资源在公民之间的分布是不均匀的,或者说,并不是每个公民都拥有这些必要的资源。有鉴于此,考虑到农民工在我国是一个显而易见、没有争议的弱势群体,我们选择着眼于选举权和工会入会权来考察农民工政治权利的发展状况。进一步说,之所以选择这两项权利作为考察中心,是出于:第一,其他一些权利,对于非农民工的许多其他群体成员而言,也显而易见地处于不完全的状态,而这两项权利(尽管选举权只是基层选举权,工会也是官方工会)则是我国公民最普遍地拥有的政治权利。第二,如上所述,政治权利的核心是公民对于公共事务、对于政治过程的参与和控制权,在只能实行间接民主的现代政治生活中,选举是这种参与和控制的最基本表现和方式,而结社则为脆弱的个体得以一定程度上能够对政治过程施加影响提供了可能(恩格斯曾指出:"没有出版自由、结社权和集会权,就不可能有工人运动。"[①]),而组织与参与工会则是结社权目前在我国普通公民中最普遍的体现(关于结社与农民工发展的问题,可参见本书下篇)。

3.2 浙江农民工的工会入会权状况

作为结社权的一个重要方面,组织与参加工会组织是我国工

---

① 《马克思恩格斯全集》(第16卷),人民出版社1964年版,第84页。

人阶级作为公民的一项基本政治权利。从理论上讲,农民工作为公民,同时作为职业身份意义上的工人,无疑也应享有这一权利。但是,在相当长的时期中,由于受其户籍身份的限制,农民工作为工人阶级一部分的地位一直没有得到肯定,相应地,他们也一直被排斥在加入工会的权利之外。一直到 2001 年,我国新修订的《工会法》出台,才第一次把进城打工的农民界定为"以工资收入为主要生活来源"的"流动工人",从而在法律上肯定了农民工拥有参加工会组织的权利。自那时以来,政府和社会有关部门采取了一系列比较积极的措施,促进农民工加入工会。据全国总工会统计,截至 2005 年年底,全国基层单位中有 2100 万农民工加入工会,约占农民工总数的六分之一。另据广州市总工会调查,广州市 2088 家以农民工为主的外资企业中,有 521 家建立了工会,占 25%。上海市总工会 2004 年对全市 13 个区县局(产业)已建工会企业的 3017 名农民工调查发现,农民工的入会率为 38%。[①]

就浙江省的情形而言,自 2001 年我国新修订的《工会法》出台以来,政府和社会有关部门也作出了一系列努力来推动农民工加入工会。其中一个具有标志性意义的举措是,2005 年 6 月,浙江省总工会、浙江省劳动和社会保障厅、浙江省中小企业局、浙江省工商行政管理局、浙江省工商业联合会、浙江省对外贸易经济合作厅、浙江省地方税务局等七个部门联合出台了《组织农民工加入工会的实施办法》。《办法》规定,所有企业都要依法建立工会组织,吸收农民工加入工会。凡是与本单位建立劳动关系(含事实劳动关系)的农民工,不论户籍所在,用工形式如何,工作时间长短,都要依法把他们组织到工会中来。任何单位和个人,不得以任何理由拒绝农民工加入工会组织的要求。2006 年,为贯彻国务院《关于解决农民工问题的若干意见》(国发〔2006〕5 号),浙江省委、省政府出台了《关于进一步加强和改进对农村进城务工人员服务和管理的若干意见》(浙委〔2006〕10 号)和《关于解决农

---

① 郑功成等:《中国农民工问题与社会保护》,人民出版社 2007 年版,第 502 页。

民工问题的实施意见》(浙政发〔2006〕47号),其中《实施意见》指出:要"强化工会以及共青团、妇联组织在维护农民工权益中的作用。用人单位要依法保障农民工参加工会的权利。积极探索在农民工比较集中的行业和居住比较集中的地区组建行业工会或社区工会,进一步提高农民工的入会率"。近年来,浙江省工会组织建设的一个重点就是针对农民工扩大覆盖面。即以杭州市为例,早在2004年,杭州市总工会和杭州市建委就联合发出《关于进一步加强我市建筑企业工会组建工作的意见》,其要旨就是要积极吸收农民工入会,扩大工会在这个农民工集中的领域中的覆盖率。此后,自2005年以来,杭州市总工会的历年工作报告都特别强调在工会自身建设方面要做好吸收并巩固农民工入会的工作。为了做好这方面的工作,杭州市工会组织还积极探索工会组织建设的新途径,突破从企业入会的传统单一体制,根据农民工的特征,推行了许多新的、灵活的入会方法,来吸引、方便农民工入会,包括直接由街道、乡镇工会来吸收农民工入会等,同时,也由此创立了许多新的工会组织形式,包括项目工会、楼宇工会、社区工会、村工会、一条街工会、工地工会、美容美发行业工会以及在劳务公司建工会等等。通过这些努力,近年来,杭州市农民工加入工会的人数有了明显增加。据杭州市总工会提供的材料,2005年,杭州市工会会员总数为1314312人,其中农民工327383人;2006年的对应数字为1645061人和736158人;2007年的对应数字为1855401人和934827人。从中可以看出,近年来,杭州市工会会员总数的增长事实上主要来自农民工会员的增加。按照2005年12月出台的《关于做好外来务工人员就业生活工作的若干意见》,到2010年,符合条件的外来务工人员加入工会组织的比例要达到70%以上。除杭州外,浙江其他许多地区,如宁波、温州、义乌等,也都在扩大工会组织在农民工中的覆盖面方面作出了一系列可贵的尝试和努力。

应该看到,近年来,与全国的情形基本一致,浙江省政府和有关社会各界在促进农民工加入工会组织方面确实作出了一系列的努力，并且，农民工在这方面的正当权利也确实有了不少改善。但是，同时，也必须看到，相比于长期以来我国工会所面向和保护的拥有城镇居民身份的职工，农民工在这方面的权利还存在着严重的缺损。这首先表现在农民工入会率的低下上。我国城镇户籍职工的工会入会率基本上可以说是百分之百，无论在全国还是浙江省都基本如此，而农民工的入会率，尽管近年来有了不少提高，但在总体上还是很低的。据浙江省 2007 年统计年鉴，2006 年浙江省工会会员总人数为 959.27 万人，除去其中约 600 万城镇户籍职工，则农民工会员约为 350 万左右。即以官方认为的浙江省农民工总数为 1200 万来计算，则农民工的工会入会率也只有不到 30%；若按浙江省统计局（2006）根据 2005 年全国 1% 人口抽样调查的初步数据汇总推算而得的浙江省农民工总数为 1783 万人来计算，则浙江省农民工的工会入会率更是只有 20% 左右。这后一个数据与陈诗达等人进行的问卷调查所得的结果基本一致。据后者于 2006 年进行的调查，浙江省农民工的工会入会率为 21.02%。[①] 这与城镇户籍职工几乎百分之百的入会率相比，显然差得很远。

不妨再来看一下作为浙江省省会的杭州市的情况。如上所述，2007 年杭州市的农民工工会会员为 93.5 万，同年，杭州市的农民工总数以 226 万计，[②] 则农民工的工会入会率也只有 41%。但这个比例肯定是夸大的，因为，其一，226 万是我们从杭州市公安局了解到的外来务工人员数量，尽管这些外来务工者不一定都是农民工，但农民工还包括来自本地（本市）农村的务工人员，这些人员的数量要大大超过外来务工者中的非农民工，因此，实际农民工的数量肯定超过 226 万。其二，93.5 万这个数字不会是没有水分的，这是因为，在杭州市出台了《关于做好外来务工人员就

---

① 陈诗达主编：《2007 年浙江就业报告：农民工问题研究》，中国劳动社会保障出版社 2007 年版，第 315 页。

② 据我们从杭州市公安局获得的材料，2007 年，杭州市外来务工人员的数量为 225.97 万人。

业生活工作的若干意见》,提出到 2010 年,符合条件的外来务工人员加入工会组织的比例要达到 70%以上以后,一些企业在有关部门的压力下,存在着虚报数字的现象。实际上,说 41%的数据夸大了杭州市农民工的实际工会入会率,也并不仅仅出于我们的上述推理。在我们自己于 2007 年底对杭州市农民工的调查中,我们对杭州市农民工参加工会的状况进行了调查。表 1 即是我们对 740 名杭州市农民工所做调查的结果。

表 1　杭州市农民工参与工会组织的状况

	有无参加	百分比(%)
1.有没有参加工会组织?	有	17.8
	没有	82.2
	总计	100
	参加时间	百分比(%)
2.如果参加了,则是哪一年参加的?	2005 年以前(含 2005 年)	39.7
	2005 年以后	60.3
	总计	100
	原因	百分比(%)
	单位没有工会组织	28.4
	不知道怎样参加	40.1
3.如果没有参加,则原因是:	单位不让参加	4.3
	自己不想参加	15.0
	其他	12.2
	总计	100

从表 1 的第一、第二两组数据可知:其一,在接受调查的杭州

市农民工中,加入了工会组织的实际上只有 17.8％,远远低于 41％。① 这个数据尽管相比于 2005 年以北京、深圳、苏州、成都四市为样本的农民工调查所获得的数据要略高些,据该次调查,农民工加入工会的比例为 13.2％,②但如结合表 1 的第二组数据来分析,则从本次调查的结果看,杭州市农民工加入工会的情况实际上比不上全国的水平,因为,在这 17.8％加入了工会的农民工中,有 60.3％是在 2005 年之后加入的,如果只算到 2005 年,那么,杭州市农民工加入工会组织的比例还不到 10％。其二,从表 1 的第二组数据可以看出,2005 年以后,杭州市农民工的工会入会率有一较迅速的提高,这表明,《组织农民工加入工会的实施办法》、《关于做好外来务工人员就业生活工作的若干意见》等在提升农民工的工会入会率、维护农民工加入工会的权利方面确实发挥了一定的作用。

除了入会率的低下,浙江省农民工在工会入会权方面相比于城镇户籍职工的缺损还表现在入会质量的低下上。这里所谓的入会质量低下,并不是指其所加入的工会没有充分发挥工会应有的维权职能——在这方面,长期以来主要表现为"依靠政府、背对工人",而不是"依靠工人、面对老板"的我国官方工会组织即使对于城镇户籍的职工来说,也是如此——而是指,其一,农民工所加入的那些工会,如项目工会、楼宇工会、村工会、一条街工会、工地工会等,在组织形态上往往不是那么正式,其资源也远不如其他

---

① 进一步就性别、年龄、教育程度以及所从事行业对杭州市农民工加入工会的状况做交叉比较,发现:第一,在性别上,男女农民工加入工会组织的情况没有什么明显的差别;第二,在年龄上,"从 16 岁以下(不含 16 岁)组"、"16～25 岁组"、"26～35 岁组"、"36～45 岁组"、"46～55 岁组"到"55 岁以上(不含 55 岁)组",除开 16 岁以下组,大体上,年龄越大,加入工会组织的比例越低,从"16～25 岁"起各组加入工会的比例依次为 20.4％、20.6％、11.2％、8.0％、6.7％;第三,在教育程度上,基本上呈现教育程度越高,加入工会的比例也越高的趋势,从"小学及以下"、"初中"、"高中(含中专、职高)"、"大专"到"本科及以上",各年龄组农民工加入工会的比例依次为 8.8％％、8.5％、21.4％、38.2％、39.4％;第四,在所从事的行业方面,值得注意的是,在农民工从业者最多的三个行业即"加工制造业"、"宾馆、餐饮、商业服务业"和"建筑业"中,农民工加入工会情况最好的是加工制造业(38.0％),其次是建筑业(10.2％),再次是宾馆、餐饮、商业服务业(7.4％)。

② 郑功成等著:《中国农民工问题与社会保护》,人民出版社 2007 年版,第 601 页。

那些其成员主要是城镇职工的官方工会,尽管后者的资源已经非常可怜。在许多情况下,许多以农民工为主体的工会是企业为了应付有关部门的检查而建立的,有不少是空有其名。即以所谓工地工会为例,表面上有工会,并且在向有关部门上报数据时,整个工地的农民工往往都被算作工会会员,但实际上,这所谓的工会从来没有组织过任何像样的活动,甚至也没有跟其成员有任何联系。我们在调查中发现,不少农民工会员甚至连自己是不是工会会员都不知道(这在一定程度上也是造成上面所说的我们的调查和官方统计数据之间的差距的原因之一),而即使有些自认为加入了工会的农民工,也常常说不出自己所加入的工会的名称。其二,即使农民工和城镇户籍职工一样加入了正规的工会组织,他们常常也不能享有和城镇户籍职工一样的工会权利。这是因为,很多单位实际上并不愿意吸纳农民工入会,因为工会会员与非会员在一些单位中存在福利上的某些差别,所以这些单位并不真心愿意吸纳农民工,即使是吸纳,也不愿意给农民工和正式工人一样的待遇。事实上,这一点,在全国都是如此。中国社会学会前会长、"三农"问题专家陆学艺教授就不无忧虑地指出,"相当一个时期里,他们不能参加工会。现在可以参加了,但也是另外登记,享受不到正式工人一样的工会会员的同等权利"。[①]

表1的第三组数据反映的是那些没有参加工会的农民工之所以没有参加的主要原因。其中值得注意的有两点:其一,绝大多数农民工之所以没有参加工会,并非主观上没有参加的动机,真正自己不想参加的只有15.0%。其二,那些主观上有参加愿望的农民工之所以没有真正加入工会,首要的原因是"不知道怎样参加",有40.1%的人选择了此项;其次是"单位没有工会组织",有28.8%的人选择了此项。实际上,在进一步的访谈中了解到,那些回答单位没有工会组织的人中,有不少乃是"不知道"单位有工会组织,而即使单位确实没有工会组织,如果真想加入的话,也

---

① 陆学艺:《"三农"新论》,社会科学文献出版社2005年版,第236页。

还有其他形式的工会组织可以参加,如社区工会、街道工会,乃至项目工会、楼宇工会等等。因此,没有加入工会的最主要的直观原因还是"不知道怎样参加",由此也表明,工会组织本身在向农民工显示自身、宣传解释自身方面还需做进一步的工作。

但是,要工会组织本身积极主动向农民工显示自身、宣传解释自身,又会遭遇到一个问题。如上所述,许多以农民工为主体的工会实际上是企业或单位为了应付有关部门的检查而搞起来的,有不少是徒有其名。即使不完全是如此,就像上面指出的那样,不少单位实际上并没有多少动力吸纳农民工入会,而在工会面对企业、面对资本方明显处于弱势,或只是单位下面的一个不起眼的部门的情况下,工会想违背单位的意志而有所作为是很难的。

当然,还有其他一些原因也在阻碍着农民工高比例、高质量地参加工会。如,《工会法》规定,会员要拿出工资总额的2%作为工会费用,如果严格执行的话,这在一定程度上会影响农民工自身的入会动机,毕竟,对于他们来说,最主要的目的是经济收入。再如农民工"候鸟式"的迁徙方式也影响着他们享受相应的工会权利。农民工跨地域、阶段性的务工方式和"谁使用谁主管、谁帮助协调建会"的原则在技术上存在矛盾。如何协调这对矛盾?至少从现在看来,还没有更成熟的实践方式。①

3.3 浙江农民工的选举权状况

如前所述,政治权利的核心是公民对于公共事务、对于政治过程的参与和控制权,在只能实行间接民主的现代政治生活中,参与选举是这种参与和控制的最基本表现和方式。在我国目前的政治安排中,普通公民能合法参与的常规性选举主要有村委会选举、社区居委会选举、乡(镇)、县(市)以及区人民代表选举等。

① 《发展农民工加入工会组织的重要性及其实践》,http://lw. china-b. comzx-sh20090318/985302

参与这些选举活动也就是我国普通公民之选举权的基本体现。

对于农民工来说,过去主要是参与其户籍所在地的选举活动,包括村委会选举、乡(镇)和县(市)人民代表选举。至于其工作所在地的各类选举,农民工则一概被排除在外。自中共"十六大"召开以来,随着我国的现代化进程进入全面建设小康社会的阶段,随着解决城乡分割分治的二元经济社会结构问题的逐步提上议事日程,随着农民工问题作为我国城乡分割分治的二元经济社会结构问题的集中表现而开始引起社会各界的真正广泛的关注和重视,农民工的民主权利问题开始引起社会的重视,一些地方开始尝试为农民工参加当地的选举开辟渠道,并且,农民工当选人大代表也不时作为新闻而见诸报端。但是,农民工当选人大代表之成为新闻本身,即表明了其罕见。从全国范围来看,在数量庞大的农民工中,能够参与工作所在地的选举的,数量微乎其微,能够当选为人民代表的,更是寥若晨星。十一届全国人大代表中农民工代表是 3 人,他们所代表的是 2 亿人的群体!事实上,不仅在参与工作所在地的选举方面是如此,即使是在农民工本身主观上相对较重视的参与户籍所在地的选举,特别是村委会选举方面,也是如此。许多调查都表明,从全国范围来看,进城农民工回乡参选的比例非常低。如,徐增阳、黄辉祥 2001 年春夏之际在武汉市对农民工做的随机性问卷调查 753 份,参加村委会选举的只占 19.3%;[1]邓秀华等在 2004 年 3~4 月在长沙对 439 名进城农民工的生存状况与政治参与问题进行的问卷调查中,参加村委会选举的也只有 22.16%。[2]

就浙江省的情况而言,应该说,近年来,农民工的选举权已引起了政府和社会的重视。前述 2006 年出台的《关于解决农民工问题的实施意见》第六部分"健全维护农民工权益的保障机制"第一条(总第 17 条)明确指出,要"保障农民工依法享有的民主政治

---

① 郑功成等:《中国农民工问题与社会保护》,人民出版社 2007 年版,第 514 页。
② 同上,第 514 页。

权利。依法保障农民工享有的民主选举、民主决策、民主管理、民主监督权利……农民工户籍所在地的村级组织,在组织换届选举或讨论决定涉及农民工权益的重大事务时,应及时通知外出务工的人员,并通过适当方式使其依法行使民主权利。城市社区居委会换届选举时,对在社区居住一年以上的农民工,本人要求在社区进行选民登记的,其选民登记资格由本社区居民选举委员会根据实际情况确定,但每一选民只能在一地登记"。可以看出,政府对于农民工的选举权问题是关注的。当然,我们也可以看到,这里只提到村级组织(村民委员会)的换届选举和社区居委会的选举,而没有提到县(市)、乡(镇)和区人民代表的选举,这一方面固然表明了政府的现实感,但另一方面也表明农民工之参与人民代表的选举还没有进入政府着力要解决的问题的范围。当然,我们也不能据此推断农民工彻底没有参与人民代表选举的通途。《浙江省县、乡两级人民代表大会代表选举实施细则》第二十五条规定:"每一选民只能在一个选区登记。"同时第二十六条规定,"在现居住地一年以上而户籍在外地的选民,在取得户籍所在地选区的选民资格证明后,也可以在现居住地选区登记。"这虽不是特别针对农民工而言,但表明农民工参与人民代表选举、特别是参与现居地人民代表选举的通途在理论上是存在的。实际上,也不仅仅只是在理论上,在浙江不少地方,如义乌、宁波、杭州、湖州等,都有外来农民工参与当地选举的实践,而且也有农民工当选为各级人民代表的事例见诸报道。

但是,必须承认,无论是参加户籍所在地的选举,还是参加当地的选举,跟全国的情形相似,浙江农民工的选举参与率都是相当低的。据 2006 年有人对浙江全省农民工进行的调查,浙江省农民工在进城后没有参加过任何选举的占 81.2%,参加过选举的占 18.98%。在参加过选举的人中,44.79% 参加的是单位工会选举,34.55% 参加的是家乡村委会干部选举,6.43% 参加的是城市居委会选举,6.34%参加人大代表选举。[①]

再来看一下杭州市农民工参与选举的情况。表 2 反映的是 2007 年底我们自己对 740 名杭州市农民工参与选举的情况所做调查的结果。从中可以看到,在接受调查的农民工中,参加过杭州当地的选举活动的只有 9.6%,参加过家乡的选举活动的比例要高些,但也只有 18.4%。[②] 而如果不论参加的是杭州当地的还是家乡的选举,则进一步的统计显示,来杭以后参加过选举活动的比例为 23.9%。这一数据尽管相比于上述 2006 年有人对浙江全省农民工进行的调查所获得的相应数据(18.98%)要略高些,但总体上看,还是非常低的。

表 2　杭州市农民工参与选举情况

1. 来杭后,有没有参加过杭州当地的任何选举活动(如工会选举、社区居委会选举、人大代表选举等)	有无参加	百分比(%)
	有	9.6
	没有	90.4
	总计	100
2. 来杭后,有没有参加过家乡的选举活动(如村委会选举、人大代表选举等)	有无参加	百分比(%)
	有	18.4
	没有	81.6
	总计	100

---

①　陈诗达主编:《2007 年浙江就业报告:农民工问题研究》,中国劳动社会保障出版社 2007 年版,第 315 页。

②　围绕性别、年龄、教育程度诸因素进一步对杭州市农民工参与选举活动的情况进行比较,发现:首先,在参与杭州当地的选举活动方面:第一,在性别和年龄上,不同性别、不同年龄的农民工在参与杭州当地的选举活动上没有明显差异;第二,在教育程度上,基本上呈现教育程度越高,参与杭州当地选举活动的比例越高的趋势,从"小学及以下"起各组中参与过杭州当地选举的比例依次为 6.3%、4.9%、10.2%、20.0%、30.3%。其次,在参与家乡的选举活动方面:第一,在性别上,男性农民工参加过家乡选举的比例要高于女性,两者的比例分别为 21.1% 和 14.8%;第二,在年龄上,则位于中间的"26～35 岁"、"36～45 岁"、"46～55"这三组参与过选举的比例明显要高于其他各组,除开 16 岁以下组,从小到大各组参加过家乡选举的比例依次为 9.9%、24.1%、24.6%、34.0%、6.7%;第三,在教育程度上,不同教育程度的农民工在参与家乡选举方面不存在明显的差异。

　　另据有人对宁波市的调查,以宁波市北仑区为例,在 2007 年的人大换届选举中,外地转入的选民仅为 4636 人,这中间还有一部分是户籍在外的公务员、企业界人士等,即使全部算作农民工,其比例也不到居住一年以上农民工的 10%,只占登记外来人口总数的约 1%。

　　总之,从各种调查数据看,浙江省农民工的选举参与率都是很低的。如果将参与选举的状况看作是政治参与的一个表征,那么,浙江省农民工的政治参与程度是很低的。

　　当然,农民工没有参与选举的原因是多方面的。有主观方面的原因,如民主意识以及受选举与自身利益关联度影响的参与动机等[不少调查表明,在参与意愿方面,农民参与村委会选举的动机最强,远远强于参与乡(镇)和县(市)人民代表选举的动机,一个重要的原因就在于他们对于这些选举活动与自身之利益关联度的体认不一样]。但即使是农民工参与动机较强的其户籍所在地的村委会选举,他们的参与率也非常低,要远远低于没有外出打工的村民。这就与客观因素密切相关了。而影响农民工参与选举的最主要的客观因素,无论是户籍所在地的选举还是打工居住地的选举,则在于目前选举制度的安排与农民工背井离乡的流动性之间的矛盾。如前所述,长期以来,农民工主要只能参与其户籍所在地的选举活动(事实上,从总体上看,对于我国所有公民来说都是如此)。确实,《关于解决农民工问题的实施意见》第 17 条和《浙江省县、乡两级人民代表大会代表选举实施细则》第 25 条在一定程度上为农民工参与现居地的选举开辟了渠道。但是,《实施意见》和《实施细则》在开辟渠道的同时也施加了严格的限制。那就是,要参加工作所在地的选举,必须:第一,"在现居住地一年以上";第二,要参加现居住地的人民代表选举,必须"取得户籍所在地选区的选民资格证明"。正如有研究者指出的那样,这两个前置条件使大部分背井离乡外出打工的农民工不得不放弃了选举——不仅放弃了工作居住地的选举,也放弃了户籍所在地的选举。[①] 这是因为,农民工流动性大,且计算居住年限必须以登记为准,决定了相当多的农民工不具备"居住一年以上"的条件。以宁波为例,2007 年统计全市居住一年以上的为 53.50 万人,仅占暂住人口的 16.27%。[②] 也就是说,近 84% 的暂住人口(主要是农民工)若要参加选举则只能参加户籍所在地的选举。对于经济收入从总体上讲相当有限的农民工来说,要他们为了参加选举而放弃手头工作特意回户籍地一趟,显然是不现实的。这在我们对杭州市农民工的调查中同样可以得到证实。不少受调查者表示,他们内心是希望参与家乡的选举的,特别是村委会选举,但是又很无奈:"路远迢迢,怎么参加?""回一趟家,少则几百,多则上千,我一年的工钱才能省下几个?况且老板也不让请假,否则就丢工作。"确实,针对农民离家在外,不便参加选举的情况,近年来一些地方发明了一些新的参选方式,如"函投"、电话投票,以书面委托方式的"委托投票"等,但这些方式往往会影响投票的质量。而对于具备居住一年以上条件的农民工来说,尽管其生活、工作和事业都越来越多地与居住地相联系,大多数愿意参加居住地的选举。但是,一方面,特别是对于参加人民代表的选举来说,如果让农民工为了"取得户籍所在地选区的选民资格证明"而放弃手头工作特意回户籍地一趟,显然同样是不现实的,这道理与不会特意回去参加户籍地的选举一样;另一方面,当地有关部门由于思想认识上的问题对于农民工参加选举事实上并不热情,这明显表现在,在选民登记阶段,对于符合条件的农民工,当地部门一般只是根据法律规定作出一个简单的公告,让他们自己去取得户籍地的选民资格证明,这种让农民工主动进行"选民登记"的做法,与对本地选民实行多年的被动的"登记选民"相比,是两个完全不同

---

① 柴建军:《关于农民工参加人大代表选举问题的思考》,http://rd.bl.gov.cn/show.asp? nid=45491。

② 同上。

的标准,对于农民工来说,显然是不公平的。[①]

3.4　结　论

从上面的叙述可以看到,浙江省农民工无论是在参与选举方面还是在参与工会方面,情况都还是不太理想的。

政治民主选举需要国家(政府)与公民双向作用才能得以实行,即一方面国家(政府)的选举制度要为公民的选举权利提供保障,而另一方面选举也需要公民自觉地积极参与。不可否认的是,由于农民工现时的工资收入和社会保障都处在一个比较低的水平,对于更好的物质生活和更多的经济利益的追求是农民工群体的首要目标,加之农民工的总体受教育水平也普遍偏低,文化层次不高,使得农民工在对于自身政治诉求的愿望上并不显得十分的积极,这是农民工往往忽视自身拥有的选举权的重要原因之一。但从另一个方面来说,调查结果所显示的农民工在选举参与率上相对于其他公民的参与率而言的低下,其最为主要的原因可能并不是出在农民工群体自身的问题上,而是出在外在的原因上,出在我国基层民主选举制度与农民工之流动性的矛盾上。农民工参与民主选举有两个途径,一是参与家乡民主选举,二是参加所在工作地当地的民主选举,但是,农民工背井离乡的流动性,要参与工作所在地选举的限制性条件等等,则使这两条途径在事实上都在很大程度的处于一种形同虚设的状态。

工会是一个保障工人权益的组织,加入工会组织是公民政治权利的体现。然而,此时农民工身份的尴尬定位又再一次得到了体现。正如有人指出的那样:"到目前为止,中国只有《工会法》而没有《农会法》,而工会法的具体条款由于二元社会结构,在实际操作中对农民工的适用难度很大,约束力不强。使有近1.3亿的

---

① 柴建军:《关于农民工参加人大代表选举问题的思考》,http://rd.bl.gov.cn/show.asp? nid=45491。

农民工不能顺利加入工会,虽然近年来,在个别大城市中农民工比较集中的行业,成立了农民工的工会组织,但又显示出工会二元化的新问题。由城镇居民组成的既有工人工会和农民工组成的工会,在劳动权益保护方面仍有很大差别。许多涉及农民工权益保护的问题,难以解决。"[①]在表1的数据中,那些没有参加工会的受调查者中,表示"自己不想参加"工会的只占到15%,这说明大部分农民工从主观上还是希望参与组织的,之所以没有参加,原因也主要在于外部的客观因素。

值得指出的是,农民工工会入会率与选举参与率的低下,固然表明了农民工在政治权利方面相对于其他群体的缺损,而另一方面,这也表明农民工这个数量庞大的群体在很大程度上处于一种社会游离状态,从而大大降低了社会的有机性,这对于社会的和谐稳定,同样是很不利的。

① 梁铁中:《保障农民工政治权利 促进社会和谐发展》,http://www.zhinong.cndatadetail.php? id=6074

4 浙江省农民工的社会权利

4.1 何谓社会权利

社会权利(social right)也称社会公民权(social citizenship),也就是马歇尔所说的公民权的"社会要素"(social element)。在马歇尔这里,公民权的社会要素的具体内涵是"从某种程度的经济福利与安全到充分享有社会遗产并依据社会通行标准享受文明生活的权利。与这一要素紧密相连的机构是教育体制和社会公共服务体系。"[①]换言之,社会权利是一种要求获得实际收入的普遍权利,这种实际收入与其要求者的市场价值无关。当然,跟政治权利一样,对于社会权利的内涵,不同的学者有不同的表述。雅诺斯基认为,社会权利支持公民对于社会地位和经济生活的要求,它由四个部分组成。促进能力的权利(enabling rights)包括医疗卫生保健、养老金、康复治疗以及家庭或个人咨询服务。机会权利包括从学前教育一直到大学研究生教育的各种形式的教育。再分配和补偿权利是对权利受损者的弥补,包括战伤抚恤、工伤抚恤、扶持劣势者计划、失业补偿以及其他对权利受侵害者

---

① T. H. 马歇尔:《公民身份与社会阶级》,刘训练译,载 T. H. 马歇尔、安东尼·吉登斯等:《公民身份与社会阶级》,郭忠华、刘训练编,凤凰传媒出版集团、江苏人民出版社 2008 年版,第 11 页。

的补偿计划等。① 而莫里斯·罗奇则从积极和消极两个方面来看待公民的社会权利:"从消极的角度说,现代社会权利的发展是为了应对并最大限度地降低个体在面临下面这些存在于现代资本主义社会中的问题时所遭遇的风险,如贫困、严重的不平等以及与此相关联的健康和社会排斥问题等。而从积极的角度说,它们意指一系列积极的权利,即将下面这些方面看作是个体终生的权利:获得足以维持生计的收入,拥有工作,获得健康服务,拥有能够满足基本需要的住房等。无论在分析性话语还是制度性话语中,这些权利通常都被合理化为普遍人权在国家层面上的体现。"② 不过,无论怎样表述,社会权利的实质始终是公民对于某种程度的基本收入和待遇的应享(entitlement),这种应享的收入和待遇不取决对于市场机制的作用。就像《福利资本主义的三个世界》的作者考斯塔·艾斯平-安德森所指出的那样:"如果社会权利被赋予财产权利那样的法律和实际地位,如果它们是神圣不可侵犯的,如果它们是在公民身份而不是绩效(performance)的基础上被授予的,那么,它们必将伴随着一种与市场相对立的,个人地位的非商品化(decommodification)。"③ 社会权利意味着公民可以获得一种不依赖于过去、现在或未来时间中参与劳动市场的"公民收入"(citizen's income)。④

　　按照马歇尔的表述,在公民权的发展进程中,首先于 18 世纪发展起来的是基本的公民权利即市民权利(civil right),19 世纪发展起来的是政治权利(political right),然后于 20 世纪迎来了社会权利(social right)发展的时代。实际上,作为一种不依赖于当

---

　　① 托马斯·雅诺斯基、布雷恩·格兰:《政治公民权:权利的根基》,载恩靳·伊辛、布雷恩·特纳主编:《公民权研究手册》,王小章译,浙江人民出版社 2007 年版,第 22 页。

　　② 莫里斯·罗奇:《社会公民权:社会变迁的基础》,载恩靳·伊辛、布雷恩·特纳主编:《公民权研究手册》,王小章译,浙江人民出版社 2007 年版,第 97 页。

　　③ 转引自:帕特里夏·休伊特:《全球经济中的社会正义》,郭忠华译,载 T. H. 马歇尔、安东尼·吉登斯等:《公民身份与社会阶级》,郭忠华、刘训练编,凤凰传媒出版集团、江苏人民出版社 2008 年版,第 246 页。

　　④ 同上,第 247 页。

事人的市场价值的实际收入，可以说"社会权利"的起源远在 18
世纪之前，至少可以追溯到 1601 年英国颁布的第一个有关济贫
的法律——《伊丽莎白济贫法》，这一法律遵循了这样的基本原
则：让那些没有工作能力的人，如老、弱、病、残等，得到救济；给那
些有劳动能力的人一份工作，让他们在社会上得以立足。但是，
问题是，在 18 世纪之前，这些不依赖于当事人的市场价值的实际
收入没有被纳入公民权的完整的、有机的结构，通常仅仅只是缓
解贫困和制止流浪的手段，是旧势力维护旧秩序的方式。它不是
公民权的不可分割的有机部分，而是剥离于公民权的，甚至是对
公民权的偷梁换柱的置换。马歇尔明确指出："《济贫法》不是把
穷人的权利要求看作公民权利不可分割的一部分，而是把它看作
对公民权利的替代——只有当申请者不再是任何真正意义上的
公民时，他的要求才会得到满足。赤贫的人由于被救济院所收
容，所以，他们实际上丧失了人身自由的公民权利；同时，根据相
关法律，他们也丧失了可能拥有的任何政治权利。这种对公民权
的褫夺直到 1918 年才停止。"①马歇尔还指出，《济贫法》并不是
"社会权利"与公民身份的地位相分离的唯一例子，像早期的《工
厂法》等也表现出同样的趋势。而马歇尔的贡献在于，他第一个
在理论上明确地将社会权利纳入了公民权的整体结构，将其看作
是与公民身份紧密相连的公民权利的不可分割的有机组成部分。
在马歇尔这里，就像选举权、被选举权、结社自由、舆论自由等政
治权利是基本的市民权利(civil right)的必要的补充，或者说为捍
卫后者的真实有效性提供了一种必要的前提条件(因为在现实生
活中市民权利不是自足的)，社会权利则又是市民权利和政治权
利的必要补充，原因是：其一，政治权利作为市民权利的条件是必
要的，但并不充分，因为"公民的基本权利(即市民权利)不仅受到

---

① T. H. 马歇尔：《公民身份与社会阶级》，刘训练译，载 T. H. 马歇尔、安东尼·吉登
斯等：《公民身份与社会阶级》，郭忠华、刘训练编，凤凰传媒出版集团、江苏人民出版社
2008 年版，第 19—20 页。

享有特权者的政治权力的限制,而且也受到很多人在经济上的软弱乏力的限制,尽管法律和宪法承诺他们享有公民的基本权利。"①其二,政治权利本身也不是自足的。如果缺乏负担打官司的费用的经济能力,人们就无法在法院中有效地捍卫自己的权利甚至名誉;如果陷于深重的贫困之中,人们就可能出卖自己的选票;如果缺乏必要的教育,人们也无法有效地行使自己的政治权利;如果缺乏必须通过必要培训而掌握的一些基本技能,人们不可能拥有使其自由权利得以有效使用的能力(如缔约谈判能力);妇女如果不获得工作的权利,她们就很难摆脱父权夫权的控制而真正拥有自己的独立意志,而即使获得了工作权利,但如果没有根据其身为女性的一系列特殊需要而赋予特殊的权利的话,她们同样也就不可能在以男性为标准的世界中真正和男人平起平坐。"只要不是每一个人的生活都不受基本的贫穷和恐惧的困扰,宪法权利就依旧是一项空洞的许诺,甚至更糟糕,它们会变成为厚颜无耻的借口,用来掩盖享受特权者的事实。"②(想想马克思所说的资产阶级政治革命所完成的政治社会同市民社会分离实际上无非是从政治等级到社会等级的转变过程,③以及"现代国家承认人权跟古代国家承认奴隶制是一个意思"。④)正是因此,社会权利才作为市民权利和政治权利的又一个必要的补充和前提而发展起来了。也就是说,在马歇尔的架构中,社会权利不再是独立存在或者说孤立施行的(这不是从技术性意义上讲,而是从规范性逻辑上讲;纯粹从技术的角度看,社会权利可以脱离市民权利和政治权利而孤立地从其自身出发得到发展和施行⑤),而是和市民

---

① 拉尔夫·达仁道夫:《现代社会冲突》,林荣远译,中国社会科学出版社 2000 年版,第 55 页。

② 同上,第 55 页。

③ 《马克思恩格斯全集》(第 1 卷),人民出版社 1956 年版,第 344 页。

④ 《马克思恩格斯全集》(第 2 卷),人民出版社 1957 年版,第 145 页。

⑤ 莫里斯·罗奇:《社会公民权:社会变迁的基础》,载恩斯·伊辛、布雷恩·特纳主编:《公民权研究手册》,王小章译,浙江人民出版社 2007 年版,第 98 页。

权利与政治权利紧密联系在一起的,是市民权利和政治权利的延伸和必要补充,其意义不仅仅是维持权利主体的生存,更是对其公民身份的肯定、承认和维护。

在现实实践中,这种嵌入于公民权利的有机结构、作为市民权利和政治权利的延伸和必要补充的社会权利,大体上确实如马歇尔所说是在 19 世纪末 20 世纪初开始发展起来的。非宪法层面的社会权利立法与保障在 19 世纪后期得到了较快发展,如德国在俾斯麦时代所实行的强制保险法,它保障德国工人免受疾病、事故、年老和伤残的影响。[①] 而在资本主义类型宪法中,使公民社会权利正式获得基本权利地位的是 1919 年德国魏玛宪法。[②]该宪法第 161 条规定:"为了维持健康和劳动能力,提供生育保护,防备老年、衰弱和生活的突变,国家在受益人的帮助下,建立各种领域的社会保险制度。"魏玛宪法确立了"国家具有提供社会保障的义务"的原则,在公民权利史上具有划时代的意义。这以后,社会权利纷纷进入世界各国的法律乃至国际公约。如 1935 年罗斯福当政时期美国通过了《社会保障法》,该法不仅第一次正式提出了"社会保障"的概念,而且还第一次全面规划了社会保障体系。1948 年联合国大会通过的《世界人权宣言》第 22 条规定:"每个人,作为社会的一员,有权享受社会保障。"第 25 条规定:"人人有权享受为维持本人和家属的健康和福利所需的生活水准,包括食物、衣着、住房、医疗和必要的社会服务;在遭到失业、疾病、残废、守寡、衰老或在其他不能控制的情形下丧失谋生能力时,有权享受保障。"1966 年联合国大会通过的具有法律约束力的《经济、社会、文化权利国际公约》规定,"各国为充分实现这一权利而采取的步骤应包括技术的和职业的指导和训练,以及在保障个人基本政治和经济自由的条件下达到稳定的经济、社会和文化的发展和充分的生产就业的计划、政策和技术"。"承认人人有权

---

①　王元华:《非人权范畴的社会权利观念评析》,《江西行政学院学报》,2006 年第 4 期。
②　同上。

享受社会保障,包括社会保险。"同样,我国的《宪法》也对公民的社会权利做出了规定,明确肯定我国公民有获得物质帮助权、社会保障权、受教育权、婚姻家庭老人妇女儿童受保护权等权利。

4.2 浙江省农民工的社会权利状况

农民工是在我国改革开放以来社会体制和经济结构的双重转型的条件下,伴随着工业化和城市化的进程而出现的一个特殊的社会群体。根据国家统计局农民工统计监测调查,截至 2008 年 12 月 31 日,全国农民工总量为 22542 万人。而据第 5 次人口普查资料,农民工在第二产业从业人员中占 58%,在第三产业从业人员中占 52%,在加工制造业从业人员中占 68%,在建筑业从业人员中占 80%。[①] 可见,农民工已经成为我国产业工人的主力军,他们为深化社会主义市场经济体制改革、推进工业化、城镇化和现代化,做出了巨大的贡献。作为地处东南沿海的我国经济发达省份,浙江省更是吸引了大量农民工前来就业,农民工在浙江经济社会发展中扮演着举足轻重的角色。但另一方面,农民工又是我国当前比例最大的弱势群体。这种弱势表现在各个方面,既表现在从事的工作上(农民工在城市绝大多数从事的都是 3D 工作,3D 即 Dirty,肮脏;Dangerous 危险;Demanding 急需),也表现在各项权利相比于城镇职工的巨大缺失上,其中当然也包括社会权利。

不过,近年来,从全国到浙江省,在建设和谐社会的进程中,随着农民工问题作为我国城乡分割分治的二元经济社会结构问题的集中表现而开始引起社会各界的真正广泛的关注和重视,这种情况正在发生改变。从中央到地方,纷纷出台了一系列旨在解决农民工问题的政策文件,而仔细解读这些政策文件,可以发现,其中最核心、最受重视的,实际上就是提高和维护农民工的社会

---

① 国务院研究室课题组:《中国农民工调研报告》,中国言实出版社 2006 年版,第 7 页。

权利的问题。就中央层面而言,2006 年 3 月国务院发布的《关于解决农民工问题的若干意见》可以说是我国的农民工政策由以往的以管理、乃至压制为主转向以服务与保护为主的一个标志。《关于解决农民工问题的若干意见》共十个部分,而在涉及具体实质性问题的第三至第九部分中,有五个部分所谈论的实际上都是农民工的社会权利问题,即第三部分:抓紧解决农民工工资偏低和拖欠问题;第四部分:依法规范农民工劳动管理;第五部分:搞好农民工就业服务和培训;第六部分:积极稳妥地解决农民工社会保障问题;第七部分:切实为农民工提供相关公共服务。在浙江省层面,浙江省政府 2006 年发布的《关于解决农民工问题的实施意见》共八个部分,其中第一至第五部分即对应若干意见的第三至第七部分,并且结合浙江省农民工的实际状况对如何解决这些问题作了更具体的部署。再以杭州市为例,早在 2005 年 12 月,中共杭州市委、杭州市人民政府就先于国务院发布的《关于解决农民工问题的若干意见》而率先出台了《关于做好外来务工人员就业生活工作的若干意见》。杭州市的《关于做好外来务工人员就业生活工作的若干意见》提出了到 2010 年要使杭州市外来务工人员(主要是农民工)达到"六有"的目标,具体内容包括:①建立和完善工资支付保证制度,列入工资支付保证制度的企业覆盖率达到 95% 以上,保证外来务工人员工资按时足额发放,做到"有收入"。②坚持市、区、街道(社区)、企业和个人联动,逐步形成多形式、多主体、多渠道、多层次的外来务工人员住房保障体系,做到"有房住"。③最大限度扩大义务教育招生规模,保证凡符合有关条件的外来务工人员子女均能入学,做到"有书读"。④完善基本的医疗服务体系,扩大对外来务工人员的医疗服务,缓解外来务工人员"看病难"问题,做到"有医疗"。⑤适应外来务工人员特点的社会保障体系基本形成,社会保险制度日益完善,社会保险覆盖面进一步扩大,做到"有社保"。⑥组织化程度进一步提高,符合条件的外来务工人员加入工会组织的比例达到 70% 以上,外来务工党员纳入企业或社区党组织管理,做到"有组织"。

显而易见,这"六有"中,前面的"五有"实际上均可纳入社会权利的范畴。

当然,政策规定不等于现实,权利从政策语言转化为权利主体在实际生活中的现实还有相当的距离。下面我们就围绕社会保障权和受教育权这两项最基本、也最核心的社会权利,来看看浙江省农民工社会权利的发展状况。[①]

4.2.1 浙江省农民工的社会保障权

社会保障权,又叫福利权,是指公民有权要求国家通过立法和相关政策来承担维护和增进全体国民的基本生活水准的责任。具体而言,即政府和社会应保障个人和家庭在遭受工伤、职业病、失业、疾病和老年时期维持一定的固定收入并获得其他各种补助。[②] 在很大程度上可以说,社会保障权是公民社会权利的核心。进城务工的农民工作为国家公民,理所当然也应该享受社会保障权。近些年来,农民工的社会保障问题成为政府和社会各界广泛关注的焦点。《中共中央关于制定国民经济和社会发展第十一个五年规划的建议》明确提出要"认真解决进城务工人员社会保障问题",2006 年发布的《国务院关于进一步加强就业再就业的通知》指出要"积极创造条件为进城务工农村劳动者提供必要的社会保障"。《关于解决农民工问题的若干意见》第六部分"积极稳妥地解决农民工社会保障问题"提出,要"高度重视农民工的社会保障工作",要"依法将农民工纳入工伤保险范围","抓紧解决农民工大病医疗保障问题","探索适合农民工特点的养老保险办

---

① 必须指出,社会权利不止社会保障权和受教育权,还包括其他内容。并且其内涵的深度和外延的广度也在不断变化调整之中,总体趋势是外延不断扩张,内涵标准不断提升,在西方发达国家更有丹尼尔·贝尔所谓的"争取应享权利的革命"(丹尼尔·贝尔:《资本主义文化矛盾》,赵一凡等译,三联书店 1989 年版,第 290—295 页),即使在我国,从基本趋势看,社会权利也是在扩张提升之中。不过,不论怎样变化,社会权利的基本核心还是社会保障权和受教育权,这一点,从马歇尔认为与社会权利紧密相连的机构是教育体制和社会公共服务体系也可得到佐证。

② 杨光斌:《政治学导论》,中国人民大学出版社 2000 年版,第 214 页。

法"。2008 年 3 月 5 日,温家宝总理在第十一届全国人民代表大会第一次会议上做的政府工作报告中也再次强调指出,要重点扩大农民工参加社会保险。

作为我国农民工的主要输入地区,浙江省在解决农民工的社会保障问题方面在一定程度上走在了全国的前列。从渊源上讲,浙江省这方面的探索与工作甚至可以追溯到改革开放初期的 1984 年,那一年,浙江省在杭州等地开展了农民合同制职工社会保险的试点工作。1994 年,杭州和宁波等地先后出台杭政〔1994〕48 号令和甬政〔1994〕21 号文件,对农民合同制职工的社会保险问题进行了规范,在观念上已不存在农民工和城镇职工的差别,都统一为劳动合同制职工。[①] 近 10 年来,浙江省更是先后出台了《浙江省劳动力市场管理条例》、《浙江省职工基本养老保险条例》、《浙江省失业保险条例》、《浙江省劳动合同管理办法》、《浙江省企业工资支付管理办法》、《关于完善企业职工基本养老保险制度的通知》、《浙江省人民政府关于全面推进工伤保险的通知》等一系列地方性法规和文件,在基本建立起的浙江省"大社保体系"中,对保障进城务工人员的各项社会保障权益做出了专门的规定,形成了浙江省自己的农民工社会保障模式。

根据有关研究者的考察,目前我国农民工社会保障模式可以分为四种:一是将农民工直接纳入统一的城镇职工社会生活保险体系的"城保模式";二是结合农民工自身的特点,在对城镇职工生活保险制度微调的基础上形成的"双低模式";三是专门为农民工"量身定做"的、将农民工的工伤、医疗、养老三项保险捆绑在一起统一按较低费率缴费的"综合保险模式";四是将农民工纳入农村社会保障体系的"农保模式",如农村社会养老保险或农村新型合作医疗模式。[②] 浙江省就是其中的"双低模式"的典型代表。该

---

① 沈长仁、王根生、胡国强:《浙江省农民工社会保险问题初探》,浙江省劳动和社会保障网,http://www.tzlss.gov.cninfo706-1.htm

② 吕学静:《中国农民工社会保障理论与实证研究》,中国劳动社会保障出版社 2008 年版,第 51 页。

模式的典型特点就是：在城镇职工基本社会保险体系的框架下，通过降低各类保险项目的基数和比例等方式，降低农民工的参保成本，同时也相应地降低其享受社会保险的待遇水平。这种模式主要是以两点现实条件为出发点：一是城镇职工生活保障门槛对于农民工来说太高；另外，进城农民工及其所在工作单位的现实承受能力较低。除了根据农民工的特征形成确立农民工社会保障的"双低模式"，近年来，浙江省还进一步从农民工的实际情况和现实需求出发，改变了以往统一一刀切的做法，按照"先工伤，后医疗，再养老、失业、生育"的思路循序渐进构建适合农民工的社会保障体系。

总体上，据相关研究者的调查，截至 2006 年，浙江省农民工中已有 45.01% 由其所在单位为其参加了保险，不过其中有 17.63% 参加的是商业保险，而不是社会保险，因此，折算起来，真正由其单位为其参加了社会保险的比例大约是 37%。[1] 另据我们自己于 2007 年底对杭州市农民工的调查，在接受调查的 760 名杭州市农民工中，有 45.0% 的人已由其所在单位为其交过社会保险，40.4% 其所在单位没有为其交任何种类的社会保险，另有 14.7% 的人不知道其所在单位有没有为其交社会保险。[2] 特别值得一提的是在已经参保的 45% 杭州市农民工中，有 66% 是在 2005 年(不含 2005 年)以后参加的，这表明，近年来杭州市农民工社会保障权的提高与发展是比较快的。

---

[1] 陈诗达：《2007 浙江就业报告——农民工问题研究》，中国劳动社会保障出版社 2007 年版，第 310 页。

[2] 进一步就性别、年龄、教育程度、所从事行业等因素对杭州市农民工所在单位有没有为农民工参加社会保险进行比较研究，发现除了在性别方面不存在明显的区别，在年龄方面，大体上呈现出年龄越大，单位为其参加社会保险的比例越低的情形，撇开 16 岁以下组，从"16～25 岁"到"55 岁以上"各组农民工的所在单位为其参保的比例依次为 51.1%、54.1%、29.3%、24.0% 和 0.0%；在教育程度方面，基本呈现教育程度越高，单位为其参保的比例越高的趋势，从"小学及以下"到"本科及以上"各组的所在单位为其参保的比例依次是 27.8%、25.3%、56.7%、67.9% 和 81.8%；在所从事行业方面，则是从事加工制造业的农民工其单位为其参保的比例最高，为 72.3%，其余的除了宾馆、餐饮和商业服务业为 46.6%，接近 50%，此外均不到 40%。

再来看一下浙江省农民工参加各类具体险种的情况。

先来看浙江农民工的工伤保险。由于现实中农民工所从事工种的特殊性,即通常所从事的是所谓的"3D"工作,这使他们特别容易遭遇工伤风险。因此,在构建农民工的社会保障体系时,应该把最基本、最需要的工伤保险置于第一位,尽快实现工伤保险全覆盖的目标。2003 年 4 月 27 日国务院公布了《工伤保险条例》,第一次明确地把农民工列入了享受工伤保险的对象范围之内。依照《工伤保险条例》,2003 年以来,浙江省一直致力于探索建立适合农民工的工伤保险制度,扎实推进农民工的工伤保险专项扩面行动。浙江省规定凡是与用人单位签订劳动合同的外来务工人员,特别是在矿山、建筑工地就业的农民工,都应该纳入工伤保险的范围。与此同时,还实行了农民工工伤认定快速通道办法,试行了工伤医疗的"绿色通道"和小额度、无等级工伤事故的简易处理模式。为了推动相关政策落到实处,浙江省于 2006 年 10 月起启动农民工"平安计划",全面推进全省农民工参加工伤保险。截至 2006 年底,浙江省农民工参加工伤保险的人数已经达到了 148 万人,居全国各省市第 3 位。[①] 另据我们自己于 2007 年底对杭州市农民工的调查,在接受调查的 760 名杭州市农民工中,有 22% 参加了工伤保险,尽管这距离杭州市力争在 2010 年实现全市农民工工伤保险基本全覆盖[②]的目标还有相当大的距离,但可喜的是,在这些已经参保的人中,有一半以上是 2005 年(不含 2005 年)以后参加的,这表明近年来杭州市农民工参加工伤保险的发展势头是很好的。此外,宁波市的情况也与此类似。[③]

再来看医疗保险。生病是每个人一生当中不可避免的主要

---

① 陈诗达:《2007 浙江就业报告——农民工问题研究》,中国劳动社会保障出版社 2007 年版,第 5 页。

② 翁若川:《杭州市委出台〈关于做好外来务工人员就业生活工作的若干意见〉,让外来务工人员乐在"天堂"》,《杭州日报》,2006-01-05。

③ 宁波市劳动保障局:《宁波市全面建成农民工三大社保平台》,http://www.nan-hu.gov.cn/-sites/rsldbzj/article-display.jsp? boardpid=1183&articleid=29140

风险之一,作为从事 3D 工作的农民工,遭遇这种风险的可能性自然也更大。医疗保障是农民工的一项基本需求,也是政府理应承担的责任。虽然到目前为止,浙江省还没有形成统一的针对全省农民工的医疗保障制度,但是各地一直都在做有益的探索。杭州市政府早在 2006 年就提出要按照"广覆盖、低标准、保基本"的原则,制定《杭州市外来务工人员医疗保险办法》,根据企业的筹资负担和外来务工人员的承受能力,确保合理的缴费比例和医疗保障,制定方便可行的费用支付、医疗管理办法,解决外来务工人员最基本的医疗问题。[①] 据我们自己 2007 年底的调查,已约有 35% 的杭州市农民工参加了医疗保险(其中约有 60% 为 2005 年以后加入)。2008 年,杭州市又发布了《杭州市基本医疗保障办法实施细则》,其中第 14 条明确规定:《杭州市基本医疗保障办法》实施前,已参加职工医疗保险的农民工,应按规定继续参加职工医疗保险。《办法》实施后,用人单位原未参保或新招用的农民工,由用人单位事先告知相关参保政策,参保农民工书面申请,按规定选择参加职工医疗保险或农民工医疗保险。宁波市针对外来务工人员大病医疗保险实行市区和县(市)级分别统筹。用人单位须按规定为外来务工人员办理大病医疗保险参保手续,从办理参保手续的次月起开始缴纳医疗保险费。医疗保险费由所在用人单位缴费,外来务工人员本人不缴费。[②] 据不完全统计,到 2007 年,全省已有 227 万农民工参加了医疗保险,居全国第 3 位。[③] 另外值得一提的是,浙江省的某些医疗救助方案已覆盖到农民工。如杭州市上城区 21 个小区的红十字医疗救助站全部向外来创业人员敞开大门,六万余名外来创业人员在首诊医疗单位领取医疗

① 王小章主编:《中国发达地区社会保障——来自浙江的报告》,浙江大学出版社 2007 年版,第 199 页。

② 宁波市劳动和社会保障局:《外来务工人员社会保险》,http://ldj. ningbo. gov. cnHtmlpol_wlwg/2007-12/26/1713027502079591713020712 26_2.html

③ 陈小恩:《以维护农民工合法权益为抓手,促进我省和谐建设步伐》,《政策瞭望》 2007 年第 1 期。

救助卡后,即可享受多种优惠,如挂号、诊疗、B超费用全免;下城区成立杭州市首家民工医院,在这里看病的外来创业人员可享受医疗费用"十免十减半"的优惠,所有药费在参照省市统一招标价格的基础上再减免5%。①

　　户籍所在地和工作所在地的分离使得农民工的养老保险问题在目前我国还没有解决城乡分隔分治的二元结构下显得更加复杂。如何建立合理的农民工养老保险制度,是中国政府面临的重大考验。在这方面,浙江省也一直在积极探索。1997年,浙江省政府出台浙政〔1997〕15号文件,1998年,省劳动厅出台了浙老险〔1998〕43号文件,统一了农民工和城镇职工养老保险制度。近年来,浙江省更是试图从全省立法层面上解决农民工的养老保险问题,通过制定《浙江省职工养老保险条例》,把农民工纳入养老保险的范围。2003年7月,浙江省政府又下发了《关于完善职工基本养老保险"低门槛准入、低标准享受"办法的意见》,将农民工养老保险的企业和个人缴费分别降至职工月平均收入的12%和4%(城镇职工为22%和8%),而享受的医疗保险待遇与城镇职工相比则相差不大。这种"双低模式"应该说是适应现阶段农民工对于医疗保险的需求的,它作为解决农民工养老保险难题的新途径,扩大了农民工参保范围,促进了农民工社会保障体系的完善。浙江省劳动和社会保障科学研究院课题组于2006年在浙江全省范围内开展的一次农民工问题的调查统计数据显示,在参加社会保险的农民工中,大约有72.39%参加了养老保险。② 另据我们自己对杭州市农民工的调查,至2007年底,约有34%的杭州市农民工已由其单位为其交纳了养老保险金(其中60%以上为2005年以后加入)。除此之外,浙江省更是创造性地提出了职工

---

①　金国娟:《真情倾注农民工——我省关爱农民工工作综述》,新华网浙江频道,ht-tp://www.zj.xinhuanet.com/magazine/2005-07/13/content_463217.htm　2005-07-13/2006-06-16

②　陈诗达:《2007浙江就业报告——农民工问题研究》,中国劳动社会保障出版社2007年版,第310页。

养老保险省内"自由漫游"①的新概念,在一定程度上解决了部分农民工参保的后顾之忧。

在失业和生育保险方面,浙江省也逐步从立法层面将农民工纳入参保范围,保证进城务工人员和城镇职工享受均等的合法权益。虽然这两类保险项目相比前三种,对于农民工群体来说,主观需求上没有那么强烈,但是实际上也是不可或缺的。在2006年浙江省劳动保障科学研究所组织的农民工调查中,参加了社会保险的农民工中,分别有34.05%和29.75%的外来务工人员参加了失业保险和生育保险。② 而据我们自己对杭州市农民工的调查,截至2007年底,在参加了社会保险的杭州市农民工中(占受调查者总数的45.0%)杭州市农民工参加这两项社会保险的比例分别为46.5%和20.5%。

众所周知,从社会资源分配的角度看,社会保障属于二次分配。如果说,一次分配、市场化运作注重效率(同时也要兼顾公平),那么二次分配则应确保公平。公平性应该是现代社会保障制度的首要特征,也是社会保障的最基本原则,也正因此,享有社会保障才成为公民的权利,而提供社会保障则是国家的责任。农民工群体在市场化运作的一次分配中已明显处于弱势——他们只能在"次级劳动力市场"中寻求"城市剩余职业",多从事的是收入低、很少有晋升机会的"3D"工作——如果再无二次分配的补偿和平衡,那么一旦遇到问题,他们的生存即面临困顿。应该说,相比于以前农民工基本上被排斥在面向城市户籍者的社会保障体系之外的状况,近年来浙江省农民工在享有社会保障权方面有了引人注目的发展,而且从上面的有关数据可以看出,发展势头也相当不错。浙江省有关部门在促进和维护农民工的社会保障权

---

① 自由漫游,即从一个城市跳到另一个城市,养老保险关系可以"无障碍"随身带走。资料来源:《浙江养老保险将实现省内"自由漫游"》,新华网,2008-08-14,http://www.xinhuanet.com/chinanews/2008—08/14/content_14121516.htm

② 陈诗达:《2007浙江就业报告——农民工问题研究》,中国劳动社会保障出版社2007年版,第310页。

方面的一些做法可以说可圈可点。但是,在做出这种肯定评价的同时,也必须看到,从社会保障所应坚持的公平原则出发,从作为"权利"的平等性出发,浙江省农民工在社会保障权方面的问题也是显而易见的。这除了研究者们常常提到的相比于城镇户籍者而言参保率低、享受水平低之外,还集中体现在以下两个方面[①]:其一,非缴费性的农民工社会救助、社会福利项目缺失。跟全国的情形基本一样,目前浙江省农民工社会保障制度中的社会救助、社会福利方面的法规、政策建设落后,非缴费性的社会救助和社会福利保障项目从总体上看基本上处于缺失状态,当前几乎所有的社会救助、社会福利项目都是基于城乡二元的户籍制度建立和运行的,农民工由于没有城镇户籍而无法获得城市的社会救助和社会福利。比如,非城镇户口的农民工即不列入城市"低保"范围,不能获得最低生活保障;农民工子女不能同等享受城镇的义务教育福利;农民工目前还无法享受城镇廉租住房福利等等。其二,现行农民工社会保险制度不允许农民工以自由职业者的身份参保,从而使得非正规就业的农民工被排斥在农民工社会保障之外。当前的农民工社会保障只针对农民合同制职工的社会保险,也就是说,农民工若要获得现行城镇社会保障只能基于订立劳动合同而形成的法定关系,这就大大缩小了能够参加社会保障的农民工的范围。事实上,除了小部分与用人单位签订劳动合同正规就业的农民工合同制职工外,还存在着大量无劳动合同保障,在城市中自谋生计、灵活就业的农民散工。尽管政府和社会有关方面做出了努力,但由于种种原因,从总体上看,目前在城镇务工的农民工的劳动合同签订率仍是很低的。而没有劳动合同这层法定关系,农民散工和其他非正规就业农民工便被排斥在现行城镇社会保障体系之外了。

---

① 王小章主编:《中国发达地区社会保障——来自浙江的报告》,浙江大学出版社2007年版,第201页。

4.2.2　浙江省农民工的受教育权

如上所述,按照马歇尔的观点,社会权利是"从某种程度的经济福利与安全到充分享有社会遗产并依据社会通行标准享受文明生活的权利。"可见,在马歇尔看来,文化权利是社会权利的一个基本方面。① 而受教育权无疑又是公民文化权利的核心。正因此,马歇尔又将"教育体制"看作是与公民权的社会要素紧密相连的机构。在实践中,1948 年 12 月 10 日,联合国通过的《世界人权宣言》确立了人人都有接受教育的权利的精神和教育不歧视原则,此后,受教育权开始慢慢作为公民的一项基本权利而陆续载入各国的宪法或相关法律法规,我国也不例外。关于受教育权的内涵,有学者认为,可以从狭义和广义两个方面来认识和理解。狭义层面上的受教育权是指公民进入专门的教育机构——学校接受教育的权利。20 世纪以来,伴随着科学技术的迅猛发展,终身教育观念兴起,职业教育、成人教育和传统的学校教育,共同构成了大教育体系,在这种大教育基础上产生了广义的受教育权,包括公民接受各级学校教育、各种形式教育的权利。② 目前,更多的学者倾向于从广义上来理解,即把公民的受教育权看作是受教育主体公平、公正地普遍享有各种类型和形式的教育的权利。③不过,不论是从广义上来理解,还是从狭义上来理解,农民工作为公民应该与其他群体享有同等的受教育权,这一点是毋庸置疑的。我国《劳动法》也明确规定,劳动者——当然包括农民工——有接受教育的权利。

对于农民工本身而言,其受教育权无疑主要表现为接受职业

---

① 在当代全球化的语境中,文化公民权(及多文化公民权)受到越来越多的关注,故常常得到专门的论述(参见:布雷恩·特纳主编:《公民权研究手册》,王小章译,浙江人民出版社 2007 年版,第 14—15 章)。

② 罗了一:《论公民的受教育权》,《汉中师范学院学报》2002 年第 1 期。

③ 李招忠:《教育与人权》,《暨南学报》(哲学社会科学版)2000 年第 2 期。

教育和业务培训的权利。[①] 然而,一方面由于城市政府和用人单位方面的种种原因(如重视不够、培训制度不够完善、培训设施不足、企业想节省成本等等),另一方面也由于农民工自身原本受教育程度较低,流向城市后,又往往束缚于所谓 3D 工作中,既缺精力也缺必要的费用投身于学习,因而,长久以来,农民工的受教育权利往往处于丧失甚至被遗忘的状态。就全国的情形而言,农民工进城以后没有接受过任何职业培训教育是一种极其普遍的现象。根据 2006 年一份由国务院牵头主持开展的农民工问题调查总调研报告,农村劳动力中接受过短期职业培训的占 20%,接受过初级职业技术培训或教育的占 3.4%,接受过中等职业技术教育的占 0.13%,而从来没有接受过技术培训的竟高达 76.4%。[②] 另据"中国农民工问题与社会保护"课题组对位于东、西、南、北方位的苏州、成都、深圳、北京四个有代表性的城市的农民工进行的长达 3 年(2004—2006)的调查结果显示,"上岗前接受过培训"的农民工占全部被调查者的 58.9%,41.1% 的农民工上岗前从来没有接受过任何培训,而在所有经过岗前培训的农民工中,"培训 3 个月以内"的占 87.5%,"3~6 个月"的占 7.0%,"6 个月以上"的仅占 5.5%。[③]

令人欣慰的是,近年来这方面的情况开始有所好转。首先是 2003 年 1 月由国务院办公厅发布的《关于做好农民进城务工就业管理和服务工作的通知》第五条提出要"做好农民工的培训工作"。接着,2006 年 3 月国务院发布的《关于解决农民工问题的若干意见》第五部分进一步规定要"加强农民工职业技能培训。各地要适应工业化、城镇化和农村劳动力转移就业的需要,大力开展农民工职业技能培训和引导性培训,提高农村劳动力转移就业

---

① 胡美灵:《当代中国农民权利的嬗变》,知识产权出版社 2008 年版,第 182 页。

② 国务院研究室课题组:《中国农民工调研报告》,中国言实出版社 2006 年版,第 166 页。

③ 郑功成、黄黎若莲等:《中国农民工问题与社会保护》[下],人民出版社 2007 年版,第 592 页。

能力和外出适应能力。……完善农民工培训补贴办法，对参加培训的农民工给予适当培训费补贴。……输入地要把提高农民工岗位技能纳入当地职业培训计划。"要"落实农民工培训责任。完善并认真落实全国农民工培训规划。劳动保障、农业、教育、科技、建设、财政、扶贫等部门要按照各自职能，切实做好农民工培训工作。强化用人单位对农民工的岗位培训责任，对不履行培训义务的用人单位，应按照国家规定强制提取职工教育培训费，用于政府组织的培训。充分发挥各类教育、培训机构和工青妇组织的作用，多渠道、多层次、多形式开展农民工职业培训。建立由政府、用人单位和个人共同负担的农民工培训投入机制，中央和地方各级财政要加大支持力度"。

就浙江省而言，早在 2004 年，浙江省政府就在全省范围内推出了"千万农村劳动力素质培训工程"，并制订了相应的培训计划。计划要求到 2010 年，全省培训农村劳动力 1000 万，其中，培训务工农民 500 万人。2006 年，作为结合浙江省实际而对国务院《关于解决农民工问题的若干意见》的落实，浙江省人民政府发布了《关于解决农民工问题的实施意见》，其中规定：要"加强农民工职业技能培训。进一步实施'千万农村劳动力素质培训工程'和'农村劳动力转移培训阳光工程'。加强农民工培训的针对性、实用性和有效性，注重培训质量，切实提高农民的就业能力和外出适应能力，引导农民工积极参加国家职业资格培训和创业培训。要针对农民工特点，大力开展专项职业能力培训考核工作，争取使大多数接受培训的农民工获得相应的职业资格证书或专项职业能力证书。建立完善政府主导、企业支持、个人自愿、社会参与的培训机制，鼓励和支持各用人单位、各类教育培训机构和社会力量广泛开展农民工职业技能培训和安全生产知识培训，切实提高农民工素质。培训经费采取'个人拿一点、企业出一点、政府补一点'的方式筹措解决，推广'培训券'等直接补贴办法，减轻农民工培训经费负担。各级政府要加大对农民工培训的财政支持力度，鼓励用工企业加大培训投入，用好用足职工培训经费及相关的政策。各地应通过招标或资质认定等办法,从当地符合条件的各类教育培训机构中确定一批培训质量高、就业效果好、社会认可的农民工技能培训定点机构。政府有关部门要按照各自职能,切实做好农民工培训的组织管理、督促检查等工作。"据有关方面统计,截止到 2006 年底,仅在"政府培训"这一口子(由政府买单或由政府支付相当一部分津贴,政府出面组织培训)下,浙江省就培训了农民 498 万人,其中务工农民岗位技能培训 192 万人。而这只是在"政府培训"这一个口子下,如果再算上"企业培训"和"市场培训",那么,接受培训的农民工数量无疑还会大大增加。①

不妨再来看一下杭州市的情况。从政府工作或者说履行自身职责的方面看,2004 年 5 月,杭州市委办公厅、市政府办公厅印发了《杭州市农民素质培训工程实施意见》,同年 8 月,市政府办公厅又转发了《关于加强全市在二、三产业就业的农村劳动力培训工作的实施意见》,这标志着杭州市针对包括已在二、三产业就业的农民工在内的农村劳动力培训工作的正式全面启动。不过,事实上,杭州市对农民工培训的关注并非自此时始,有关方面早就在从事这方面的工作。如,杭州市外来劳动力服务中心和杭州市人力资源开发中心早就将职业介绍和培训服务相结合,对农民工开展自愿免费的务工前基础知识培训和安全基础教育培训。杭州共青团组织更是从 1996 年开始即通过"千校百万计划"、"职业导航"、"送创业指导"、"送法制教育"、"送文明知识"等活动,为外来青年农民工提供法制、文明素质、职业技能等方面的教育与培训。其他如市总工会、市妇联等也都从自身的工作特点出发,或通过将农民工培训纳入已有的某些培训计划,或通过专门的活动等不同的形式展开对农民工的培训。因此,上述两个文件的出台,在某种意义上标志着这项工作已正式提到了政府的议事日

---

① 陈微、金卉、熊远来:《浙江省农民工的培训状况及对策研究》,载《秩序与进步:社会建设、社会政策与和谐社会研究》,浙江省社会学会成立 20 周年暨 2007 年学术年会论文集。

程,同时也进一步明确了培训的指导方针和操作办法,当然,也使这项工作获得了包括经费在内的更大支持。自此以来,为了加强这项工作,杭州市采取了一系列措施,包括:积极探索培训机制创新,努力建立"政府主导、个人自愿、市场运作、各方参与"的培训机制,充分发挥技工学校、就业培训中心、职业高中等培训机构的主渠道作用,鼓励用人单位、各类教育机构和社会力量开展外来务工人员职业技能和安全生产知识培训,同时积极探索拓展其他方便灵活的培训渠道,如引起广泛关注和好评的在建筑工地开设民工学校就是杭州市的一个创举;建立培训社会化、鉴定集中统一、政府指导监管的培训鉴定互动体制;推广将职业介绍和职业培训相结合的做法;增加培训资金投入(仅 2005 年,各级财政就投入 4000 多万元,从 2006 年 12 月起,来杭农民工如参加职业技能培训就可以申请获得政府提供的从 300 元到 600 元不等的培训补贴);等等。所有这些举措,都有力地加强了对农民工的培训,也取得了切实的成效。据我们自己对杭州市农民工的调查,至 2007 年,在接受调查的农民工中参加过职业培训的已达到 36.4%。①

当然,问题同样存在,而且很明显。首先,尽管浙江省有关部门在加强农民工培训方面做出了很大的努力,而且也取得了明显

---

① 进一步对性别、年龄、受教育程度、从事的行业以及所供职单位的性质这些因素同参加职业培训的状况进行交叉比较分析,发现,第一,女性参加过培训的比例要略高于男性,前者为 39.2%,后者为 34.3%;第二,大体上,年龄越小,参加培训的比例越高,35 岁以下的超过 40%,35 以上的不到 30%;第三,高中文化程度以上的参加培训的比例要远远高于初中及以下文化程度的,前者的比例大体是后者的两倍;第四,在行业方面,从事教育、文化、娱乐业的参加培训的比例最高,达 66.7%,不过,由于从事这种行业的农民工本身比例很低,其高比例对于总体而言意义不大,因此,真正对总体有意义而参加培训的比例又较高的是从事宾馆、餐饮和商业服务业的,比例为 52.1%(这在一定程度上也可以说明为什么女性农民工参加培训的比例要略高于男性农民工,从事宾馆、餐饮和商业服务业的农民工中,女性要大大多于男性),再次是从事加工制造业的,为 39.5%,参加培训的比例最低的是环卫服务业的从业者,仅 7.1%;第五,从单位性质看,在外资或合资企业工作的农民工参加培训的比例最高,为 45.6%,其次是在国有企业单位工作的,为 40.3%。

的成效,表现在近年来接受培训的农民工人数有了大幅度的提升,但是,上述有关数据同时表明,从总体上看,接受过培训的农民工在比例上还是比较低的,不到总数的一半。其次,正如有研究者指出的那样,无论是"政府培训"、"企业培训"还是"市场培训",都存在着自身的不足,概括地讲,主要是突出了市场需求的主位性、培训教育的工具性,[①]而较少从农民工作为公民具有"依据社会通行标准享受文明生活的权利"的角度来理解农民工的培训教育,在现有的培训中,农民工主要被理解为市场要素,而不是权利主体。第三,就那些没有参加过培训教育的农民工而言,其之所以没有参加的原因当然多种多样,而据我们对杭州市农民工的调查,主要的原因有三方面:即"不知道怎样参加培训"(占没有参加培训者的26.8%),"费用太贵,支付不起"(占24.9%),以及"没有时间"(占24.3%);而主要原因是"自己不想"、"政府、企业及相关部门举办职业培训太少,报不上名"的,只分别占13.4%和6.5%。这表明,要进一步提高农民工参加职业培训的比例,政府和社会各界除了要努力举办各种培训之外,还需要加强培训的配套措施,包括培训信息的发布、培训费用的进一步降低等。当然,至于如何使农民工"有时间"参加培训教育,则除了农民工自身要善于安排之外,在很大程度上还与农民工的劳动权利保护有关,[②]而这也从一个细微的方面反映出公民权利与社会权利的相关性。

　　农民工子女的受教育权问题应该看作是农民工受教育权问

---

①　陈微、金卉、熊远来:《浙江省农民工的培训状况及对策研究》,载《秩序与进步:社会建设、社会政策与和谐社会研究》,浙江省社会学会成立20周年暨2007年学术年会论文集。

②　据2006年有人对浙江省农民工进行调查,浙江省农民工每天工作8小时以下者占5.75%,每天工作8小时者占31.87%,每天工作8～10小时者,占33.14%,每天工作10～12小时者占20.26%,每天工作12小时以上者,占8.97%;而从每周的休息天数看,39.30%的浙江农民工每月休息4天(即每周一天),14.20%每月休息8天(即每周两天)(陈诗达主编:《2007年浙江就业报告:农民工问题研究》,中国劳动社会保障出版社2007年版,第314页)。另据我们2007年对杭州市农民工的调查,在杭州市农民工中,有64.1%每天工作超过8小时,也即超过法定工作时间;有46.6%的杭州市农民工每周休息时间不足一天,即低于法定休息天数的最低线。

题的一个方面,正如农民的受教育权问题,自然包括农民子弟的受教育权问题一样,这是因为,正是由于存在"农民"这个特定的身份群体,才有了"农民子女"这个特定的身份群体,正是由于存在"农民工"这个特定的身份群体,才衍生出"农民工子女"这个特定的身份群体。

着眼于农民工子女本身,其教育问题是关系到其基本权利、同时也关系到其成年以后的生活道路和生活品质的问题;着眼于其父母,则子女就学接受义务教育的问题既是其社会权利的一个方面,又是其个人和家庭生活的一个重要方面。应该说,农民工子女的教育问题近年来得到了政府和社会各界的高度重视。2003年,国务院办公厅转发了教育部、中央编办、公安部、国家发改委、财政部、劳动保障部《关于进一步做好进城务工就业农民子女义务教育工作的意见》,明确了解决农民工子女就学问题的指导思想,指出农民工流入地政府要负责农民工子女接受义务教育工作,农民工子女就学要以全日制公办中小学为主,收费与当地学生一视同仁。2004年,《中共中央国务院关于进一步加强和改进未成年人思想道德建设的若干意见》再次提出,要高度重视流动人口家庭子女的义务教育问题,进城务工就业农民流入地政府要建立和完善保障进城务工就业农民子女接受义务教育的工作制度和机制。在国务院2006年出台的《关于解决农民工问题的若干意见》中,又进一步强调,要保障农民工子女平等接受义务教育。输入地政府要承担起农民工同住子女义务教育的责任,将农民工子女义务教育纳入当地教育发展规划,列入教育经费预算,以全日制公办中心小学为主接收农民工子女入学,并按照实际在校人数拨付学校公用经费。城市公办学校对农民工子女接受义务教育要与当地学生在收费、管理等方面同等对待,不得违反国家规定向农民工子女加收借读费及其他任何费用。输入地政府对委托承担农民工子女义务教育的民办学校,要在办学经费、师资培训等方面给予支持和指导,提高办学质量。

为解决农民工子女的受教育问题,浙江省各级政府也先后出台了一系列政策措施。作为一个缩影,我们不妨以杭州市为例,来看一下浙江省农民工子女受教育权利的状况。

早在 1998 年 5 月,有人未经任何部门审批,以简陋的违章建筑为校舍,使用从劳务市场招来的、多半没有任职资格的十余位人员为"教师",自发办起了专招农民工子女的所谓"鲁冰花希望小学"。为了免使误人子弟,杭州市江干区教委依法取缔了这所根本不具备办学条件的非法教育机构。不过,"鲁冰花希望小学"事件使人们开始重视农民工子女的就学问题,认识到农民工子女渴望上学、希望拥有自己的学校的心情。1999 年 1 月,通过江干区教育局的积极努力,经区政府批准,"杭州天成小学"成立了。这是国内第一所以流入地政府管理为主的国有民办的民工子弟学校。不久以后,下城区教育局也成立了一所国有民办的民工子弟学校"杭州明珠实验学校",该校采取与公立学校"兼容联动"的方式,全面依托公立的石桥中学办学,并于成立一年后开办了初中,从而成为杭州第一所专门招收民工子弟的九年一贯制学校。杭州市举办民工子弟学校的经验得到了社会各界的肯定,中央电视台、《人民日报》、《中国青年报》等媒体先后对此作了报道;甚至还引起了联合国教科文组织的关注。2001 年 4 月,联合国教科文组织亚太地区官员库斯汉专程考察了杭州明珠实验学校,并随机测查了学生的学业情况,认为该校为流动人口子女提供正规基础教学的做法是现代社会全民教育思想的体现,学生学业水平高于国外同年龄段的学生,走在了发展中国家的前列。此后,杭州市民工子弟学校逐年增加,到 2005 年底,全市已有独立设置的外来务工人员子女学校 34 所,成为解决民工子女就学问题的一支重要力量。

尽管民工子女学校的作用不容忽视,不过,杭州市解决农民工子女就学问题的基本做法一直是"以公办学校随班就读为主,独立设置的民工子女学校为辅。"这和 2003 年国务院办公厅转发的《关于进一步做好进城务工就业农民子女义务教育工作的意见》和 2004 年《中共中央国务院关于进一步加强和改进未成年人思想道德建设的若干意见》的精神不谋而合。2004 年 11 月,杭州市教育局出台了《外来务工人员子女在杭就学的暂行管理办法(试行)》,进一步明确了"以公办学校为主,民工子女学校为辅"解决农民工子女就学问题的基本方针,同时也使这一问题的解决走上了规范化、制度化的轨道,标志着农民工子女就学正式开始纳入杭州市教育事业发展规划。政府加大了财政投入,在市本级及各区、县(市)都设立了外来务工人员子女义务教育专项经费,加大了对接收外来务工人员子女入学的公办学校和民工子弟学校的扶持力度;同时,积极挖掘潜力,统筹、整合现有教育资源,将适龄儿童减少区的闲置教育资源盘活调配,以减轻外来人口聚居区教育部门的压力;此外,继续积极鼓励社会力量兴办民工子女学校,拓展办学渠道。所有这些举措,都有效地促进了农民工子女就学问题的解决。据统计,2004 年底,全市共解决外来务工人员子女就学 8.3 万人,占全市在校中小学学生总数的 12.75%;到 2005 年底,全市共解决外来务工人员子女就学 9.95 万人,接近于全市在校中小学学生总数的 15%;到 2006 年底,这一数字就进一步上升到 12 万。

可以看出,为解决农民工子女的教育问题,政府和社会各界确实做出了积极的努力,也取得了明显的成效。但是,必须看到,这种业已取得的成效距离问题的真正彻底解决还有很远。这一点,从 2007 年底我们对杭州市农民工调查的结果就可以看出。表 1 所反映的就是我们调查所得的杭州市农民工子女教育的基本情况。

表 1　杭州市农民工子女就读情况

	就读学校	百分比(%)
1.在何处上学(有学龄子女者填写)?	在杭州公办学校上学	9.5
	在民工子弟学校上学	4.9
	在杭州的民办学校上学	6.8
	在老家上学	71.9
	没有上学	6.8
	总计	100

续表

2. 如果子女在杭州公办学校上学，则有没有交借读费？	有没有交借读费	百分比(%)
	交了	60.0
	没有交	40.0
	总计	100

3. 如果子女没来杭州上学，主要原因是：	主要原因	百分比(%)
	孩子不愿意来	6.9
	学费太贵	50.5
	担心孩子受到歧视	1.5
	找不到接受的学校	13.2
	担心孩子中途换地方换学校，反而影响学习	19.1
	其他	8.8
	总计	100

4. 如果子女在杭州上学，那么是哪年来杭州的？	来杭州的年份	百分比(%)
	2001 年	3.6
	2003 年	10.7
	2004 年	17.9
	2005 年	21.4
	2006 年	19.6
	2007 年	26.8
	总计	100

从表中的第一组数据可以看出：第一，在接受调查的有学龄子女的杭州市农民工中，有 71.9% 的子女都未能与其一起来杭学习，而只能在老家就读，这一水平与 2005 年以北京、深圳、苏州、成都四市为样本的农民工调查所获得的结果基本持平。[1] 这表

---

① 郑功成、黄黎若莲等：《中国农民工问题与社会保护》[下]，人民出版社 2007 年版，第 635 页。

明,绝大多数农民工的学龄子女至少不能和父母双亲中的一方生活在一起,这无论对于孩子还是对于农民工本人,都是其生活中的一个一定程度上的缺憾,同时,对于孩子的教育和健康成长也肯定不是一个有利的因素。第二,有 6.8% 的人称自己处于学龄阶段的孩子没有上学,即处于失学状态,这是一个值得特别重视的现象。第三,在有学龄子女的农民工中,其子女来杭就读者占 21.2%,其中,进入公办学校者 9.5%,不到所有来杭就读者的一半,这表明,尽管杭州市确立和实施的是"以公办学校为主,民工子弟学校为辅"逐步解决外来务工者子女在杭就学问题的方针,但是,在公办学校吸收农民工子女入学方面,还需做出更大的努力。这一点,如果联系表中的第二组数据就更明显了:尽管按规定,外来务工者就读公办学校原则上不需交纳借读费,但是,调查表明,在实际就读杭州市公办学校的农民工子女中,有 60% 都交了借读费,不交的只有 40%。

表中的第三组数据反映的是那些没有来杭就读的农民工子女之所以没来的主要原因。从中可以看出,在所罗列的这些原因中,占据第一位的是"学费太贵",有一半以上(50.5%)的被调查者选择了此项;其次是"担心孩子中途换地方换学校,反而影响学习",19.1% 的人选择了此项;再次是"找不到接受的学校",13.2% 选择了此项;还有 6.9% 的人选择了"孩子不愿意来"。在上述各项原因中,第一、第三项主要属于教育供给方的原因,第二、第四项则是需求方的原因。显然,影响农民工子女来杭就读的原因主要存在于教育供给方。

如果说表中第一至第三组数据主要反映了目前离真正解决农民工子女就学问题的距离,反映了农民工子女受教育权方面的问题的话,那么,叙述那些在杭州就读的农民工子女来杭时间的最后一组数据所反映的基本趋势,则在一定程度上可以使我们对这个问题的最终解决抱有某种乐观的期待:尽管到目前为止,农民工子女实际来杭就读的比例还比较低,但是,从总体趋势看,来杭就读的人数在逐年增长。

4.3 结 论

从上面围绕社会保障权和受教育权这两项最基本、也最核心的社会权利对浙江省农民工之社会权利发展状况的考察,我们可以得出两点基本结论。

第一,近年来,浙江省农民工的社会权利有了相当程度的发展,而且特别值得注意的是,从上面的有关数据可以看出,时间越靠后,发展的速度越快,幅度越大,这使得我们在一定程度上有理由对农民工最终作为我国公民和其他所有公民一样享有真正平等的社会权利持有乐观的期待。而之所以能有这样的发展的原因,我们认为关键在于两个方面:其一,自中共十六大以来,在贯彻落实科学发展观、建设和谐社会的进程中,社会各界越来越重视经济社会社会发展过程中发展成本的分担和发展成果的分享,而农民工问题,作为我国城乡分割分治的二元体制和二元经济社会结构问题的集中表现,作为我国发展过程中社会各阶层在分担发展成本、分享发展成果方面明显不公平的典型,引起了社会各界、特别是政府越来越高度的重视——当然,这种重视,在一定程度上当然也是农民工群体通过自身的各种主动抗争,包括极端形式的"以死抗争"①而获得的。社会各界、特别是各级政府在充分肯定、承认农民工所做出的社会经济贡献的同时,在提高、维护农民工的社会权利方面也做出了一系列积极的努力,这一点,从上文引述的从中央到浙江省,再到杭州市等地方政府近年来所出台的一系列有关农民工社会权利的政策和采取的措施,就可以清楚地看出。没有这些政策和措施的推动,浙江省农民工近年来社会权利方面的发展是不可想象的。其二,改革开放几十年来所取得的令人瞩目的经济发展成就(其中当然包括农民工的巨大贡献),

---

① 徐昕:《为权利而自杀——转型中国农民工的"以死抗争"》,载吴毅主编:《乡村中国评论》(第2辑),山东人民出版社2007年版。

为促进农民工社会权利的发展提供了经济基础。在对社会物质财富的依赖上，社会权利与公民权利和政治权利稍稍有所不同，无论是社会保障权，还是受教育权，抑或其他文化权利，其发展与保障都直接依赖于社会财富，特别是公共财政（当然，从间接的意义上讲，公民权利和政治权利也依赖于基本的物质基础，正因此，才说社会权利是公民权利和政治权利的延伸和补充）。没有物质投入，社会权利只能是镜花水月。因此，经济的发展是社会权利发展的必要前提。作为中国经济市场化转型的排头兵，浙江省自改革开放以来经济发展迅速，已成为我国经济最发达的省份，像杭州、宁波等地区已达到中等发达国家的水平，相应地，政府的财政收入也迅速增长，这为浙江省农民工社会权利的发展提供了必要的物质条件。

第二，尽管近年来浙江省农民工的社会权利有了相当程度的发展，但是，就目前的现状看，存在的问题同样也还是明显的，离农民工作为公民和其他所有公民一样享有真正平等的社会权利还有相当的差距。而之所以如此的原因，或者说妨碍农民工享有平等社会权利的因素，我们认为值得注意的有三个方面。其一，城乡分割分治的二元体制和二元经济社会结构依旧是妨碍农民工享有平等社会权利的最明显、最直接的因素。20 世纪 50 年代以后，国家通过一系列分割城乡的制度安排构建起了以城镇为一元、以农村为另一元的城乡互相隔离的制度体系和社会状态，[①]农村和城市作为两个几乎接近封闭的社会体系而被割裂开来，全体公民也在户籍制度的安排下被区分为了两个权益几乎完全不对等的社会集团。城市和市民享受包括包就业安置、粮食供应、价格补贴、住房、医疗和养老等在内的各种特定的权利和待遇，而农村和农民则没有这一切，附着在户籍身份上的权利差异由此形成。改革开放以后，随着社会经济的发展，农村剩余劳动力陆续向城市转移，开始慢慢打破城乡二元结构，但是传统户籍制度至

---

① 张英洪：《农民权利论》，中国经济出版社 2007 年版，第 37 页。

今依然存在,"农村户口"作为一种身份标志依然妨碍着农民工享有平等的社会权利。其二,近年来,尽管从中央到浙江省各级政府都出台了一系列旨在推动、促进和保护农民工社会权利的政策,一些相关的法律法规也往往将农民工这个群体包括在内,而且,如上所述,这些法律法规政策也确实取得了明显的成效,但是,另一方面,也应该看到,这些法规和政策的条文内容常常缺乏可操作性和可实践性,从而往往流于宣传,而没能产生实际的保障作用。① 一旦农民工的社会权利受到侵害,很难从有关条文中找寻到保护自身的有效程序和途径。其三,一方面,由于二元社会体制和结构长期以来对我国社会成员观念的影响,特别是对于那些长期"独享"到各种特定权利的城市市民的影响,农民工常常被"理所当然"地视为城市中的"他者"或者说"低等成员",另一方面,正如本书第一章中所指出的那样,由于既有公民权的内涵与价值(即与公民身份相联系的权利以及公民身份所具有的社会区隔意义)本身依赖于那些被排斥在公民身份之外的群体的存在,因此,要想将公民权的外延拓展覆盖到那些原先被排斥的群体,就必须、也必然要或多或少地改变现有公民权的内涵和价值,进一步具体地说,要促进、推动和维护农民工社会权利的发展,就可能在一定程度上影响原先城市居民所享有的权利的内涵和价值,因此,农民工社会权利的发展还受到来自其他社会成员,特别是对于那些长期"独享"各种特定权利的城市市民及其在公共权力部门的代表的有形无形、明里暗里、直接间接的阻挠。总而言之,鉴于上述三个方面的因素,如果说近年来的有关发展迹象使我们有理由对农民工最终作为我国公民和其他所有公民一样享有真正平等的社会权利持有乐观的期待的话,那么,同时我们也应该看到,走向这种平等的过程一定不会是一帆风顺的。

----

① 熊松涛:《我国宪法对公民社会权利保障的缺陷和完善》,《财经界》2006 年第 1 期。

5 小 结

　　通过上述对浙江省城市农民工的自由权利（这是公民权利的核心）、政治权利和社会权利（包括以受教育权为核心的文化权利）的考察评估，我们现在可以作如下小结：

　　第一，从纵向比较来看，浙江省城市农民工的自由权利、政治权利和社会权利都比过去有了改善与发展，特别是近年来，改善与发展的速度较快；但是，从横向比较来看，即将城市农民工作为一方，将具有城市户籍的城市居民作为另一方进行比较，则农民工的各项权利还明显处于欠缺状态，也就是说，农民工的公民权是不完全的，这既体现在有关的政策措辞中，也体现在农民工对各项权利的实际享有状况中——当然，这并不否认，农民工群体本身也存在分化，不否认，作为受雇者，农民工与具有城市户籍的受雇者也具有处境上的共通性。

　　第二，就浙江城市农民工这个群体本身而言，从我们的调查评估可以看出，其自由权利、政治权利和社会权利的发展是不平衡的。自由权利和政治权利的改善和发展远不如社会权利。事实上，自由权利、政治权利、社会权利三者和市场的关系是不同的：自由权利在某种意义上可以说是直接顺应市场对自由劳动力商品之需求的产物；政治权利既直接是公民生活的一个意义领域，也表明公民可以通过国家来捍卫自身的权利，防止包括市场在内的力量对权利的侵害与扭曲；社会权利则是国家和政府直接对于市场作用之结果的一种抵消与平衡。不过，不管自由权利、政治权利、社会权利三者和市场的关系如何不同，它们作为权利，最终都需要国家的正式肯定。我们说自由权利和政治权利的改善和发展远不如社会权利，主要是指，来自国家的对于前两者的这种正式肯定滞后于来自市场逻辑的正面要求与反面压力。

第三，从公民权的发展与保障的角度看，上述自由权利、政治权利和社会权利的不平衡，是非常值得关注的。因为，作为"权利"的社会权利，是处身于特定的历史脉络之中的，是"与基础性的法律（即以自由权为核心的公民权利——引者）和政治权利之以往的历史、制度化状况以及当今的实践紧密相连的。"①尽管纯粹从技术的角度看，社会权利可以脱离市民权利（公民权利）和政治权利而孤立地从其自身出发得到发展和施行，在 20 世纪早期，一些极权社会中的统治者就曾这样剥离特定的脉络关联而鼓励发展社会权利，但其目的正是要"诱买"人们对于市民权利和政治权利、进而对于完整的公民权的要求。事实上，马歇尔早就指出，"社会权利"的起源至少可以追溯到 1601 年英国颁布第一个有关济贫的法律——《伊丽莎白济贫法》，但问题是，在 18 世纪之前，这些不依赖于当事人的市场价值的实际收入没有被纳入公民权的完整的、有机的结构，通常仅仅只是缓解贫困和制止流浪的手段，是旧势力维护旧秩序的方式。它不是公民权的不可分割的有机部分，而是剥离于公民权的，甚至是对公民权的偷梁换柱的置换："《济贫法》不是把穷人的权利要求看做公民权利不可分割的一部分，而是把它看做对公民权利的替代——只有当申请者不再是任何真正意义上的公民时，他的要求才会得到满足。"②真正现代意义上的公民权是一种"复合的、联系于特定脉络关系的身份，表达的是现代社会中……个人自主和社会公正、平等与包容的观念。在这种语境下，社会权利最好理解为是服务于市民权利和政

① 莫里斯·罗奇：《社会公民权：社会变迁的基础》，载恩靳·伊辛、布雷恩·特纳主编：《公民权研究手册》，王小章译，浙江人民出版社 2007 年版，第 98 页。
② T. H. 马歇尔：《公民身份与社会阶级》，刘训练译，载 T. H. 马歇尔、安东尼·吉登斯等：《公民身份与社会阶级》，郭忠华、刘训练编，凤凰传媒出版集团、江苏人民出版社 2008 年版，第 19—20 页。

治权利所预设和表达的个人自主的,赋予这种个人自主以实质性的意义,而不是帮助表达这种个人自主。"①换言之,作为表达现代社会中个人自主和社会公正、平等与包容的观念的公民权之有机组成部分,以自由权为核心的市民权利(公民权利)、政治权利和社会权利是互倚的。一方面,政治权利是自由权利的补充,社会权利又是政治权利和自由权利的补充,另一方面,作为"权利"的社会权利反过来又依赖于政治权利和自由权利,剥离了自由权利和政治权利而孤立发展的社会权利,很容易蜕变为系于统治者的仁慈恩德的恩赐施舍,而丧失作为"公民权利"的正当性。② 由此观之,当自由权利、政治权利和社会权利发展不平衡时,当自由权利、政治权利的发展滞后时,孤立发展的"社会权利"及其意义就有蜕变的危险。或许可以这样说,在这种情况下,"社会权利"之生存论视野下的意义尽管毋庸置疑,但其在公民权视野下帮助实现个人自主、表达社会承认的意义就要大打折扣。

---

① 莫里斯·罗奇:《社会公民权:社会变迁的基础》,载恩斯·伊辛、布雷恩·特纳主编:《公民权研究手册》,王小章译,浙江人民出版社 2007 年版,第 98 页。
② 参见王小章:《公民权视野下的社会保障》,《浙江社会科学》2007 年第 3 期。

下 篇

浙江省城市农民工的组织化问题

　　依法组建和参与自己的组织并开展活动,既是公民的基本权利,也是公民争取和捍卫自身权利的有效手段;既是公民寻求生活意义、争取社会承认的重要方式,也是增进社会有机化、防止社会原子化的基本途径。下篇的两章所探讨的,即是浙江省城市农民工的组织化问题。

6 加入工会抑或成立自组织
——关于农民工组织化途径的思考

6.1 问题的提出:农民工组织权

随着农村剩余劳动力向城市的转移,农民工越来越成为城市工业和服务业的主要从业人员,已经成为工人阶级的一部分。早在 2003 年 9 月召开的中国工会第十四次全国代表大会上,中华全国总工会就正式提出:"一大批进城务工人员成为工人阶级的新成员。"2004 年全国总工会会同国家统计局,进行了全国第五次职工队伍状况调查,其数据也显示了这一点:到 2003 年底,第二、三产业吸纳的劳动力达 37886 万人,其中国有和集体单位的职工为 6621 万人和 950 万人,仅占 20%,余下的 30315 万人全是农民工,占二、三产业职工总数的 80%。农民工主要集中在第二产业,其比例高达 82.7%[①]。这表明在当前中国,农民工不仅是工人阶级的一部分,而且是工人阶级的主要力量。

从应然角度上来说,农民工作为工人阶级的一部分,应享有与其他工人阶级相应的劳动权、组织权、居住权、休息权等相应的公民权。但是在现实工作和生活中,农民工却是工人阶级中最为弱势的群体,他们的公民权利屡屡受到侵犯,典型的如拖欠农民工工资、居住权得不到保障(城市的拆迁和改造,往往不会考虑作

---

① 转引自夏小林:《经济增长的背后》,《经济研究参考》2004 年第 3 期。

为第四方群体的农民工①）、超时加班不支付加班工资、劳动条件恶劣甚至生命安全得不到保障（如频繁的矿难所产生的伤亡往往都是农民工等）。那么为何农民工群体所遭受到的公民权利侵犯最为频繁、最为严重呢？这实际上与转型中国的市场性力量和制度性力量密切相关。

自改革开放以来，中国社会转型的一个重大特点就是要建构一个自我调节的市场型社会。按照波兰尼的说法，这种"自我调节市场"的扩张，把那些本不属于商品的范畴即土地、劳动力和货币卷入到市场交易的漩涡中来，从而成为"虚拟商品"②。这使得市场规则普遍应用于社会领域。而且更为巧合的是，中国建构市场社会的过程恰恰与全球化市场的扩张紧密相连，这就更使得市场性力量"脱域"于社会，成为社会的主导型力量。在一个原本没有市场、私有制和资本主义的社会建立一个市场社会，资本力量的获得和集聚就显得尤为重要。这种"大转变"使得中国政府从中央到地方都不断地强调资本的重要性，用尽各种方法招商引资，并保护资本的利益。从1980年代的"地方政府即厂商"的苏南模式到1990年代私营企业大发展的浙江模式再到1990年代后期的大批量外资引进，政府和社会都形成高度共识，那就是尽可能地培育和引进资本，促进当地经济社会发展。在中国第一波市场化浪潮的大背景下，"资方强劳方弱"的局面就此形成了。这种市场性的排斥力量使得农民工弱势地位不可避免。③

另一方面，由于农民工缺乏制度性的保护，使得其弱势地位更加明显。正如波兰尼所研究的那样，在西方资本主义国家，与市场型社会扩张相对应的是社会"自我保护机制"的建立，用以保

---

① 赵晔琴：《"居住权"与市民待遇：城市改造中的"第四方"群体》，《社会学研究》2008年第2期。

② 卡尔·波兰尼：《大转型：我们时代的政治与经济起源》，浙江人民出版社2007年版，第62—63页。

③ 王小章：《从"生存"到"承认"：公民权视野下的农民工问题》，《社会学研究》2009年第1期。

卫社会①。这种保卫方式主要是政府出台相应的保护社会的措施,如英国的"伊丽莎白济贫法",德国的"劳工疾病保险法"、"劳工灾害保险法"、"劳工老年残废保险法",美国的罗斯福新政,及其社会自身的各种努力,如建立各种各样的劳工联合体、新闻舆论监督,等等。这些保护主义制度的引入是防止市场过度侵蚀社会的平衡性力量。然而,在当前中国,尤其是对农民工而言,这些保护性措施几乎没有,即使有,其力量也非常微弱。从国家干预层面而言,国家立法对农民工的保护非常微弱,提供公共产品供给和社会保障亦非常少,同时还面临着执行难的困境。当然近几年,也出现了政府帮农民工"讨工资"的直接干预行为,但其象征意义往往多于实质意义。因为农民工公民权利遭受侵害是一个普遍性的问题,政府的一两次甚至几十次、几百次去讨工资只是少数的案例,不能从全局上、根本上解决这一问题。更何况,政府出面讨要工资有越位之嫌,同时亦表明其他讨要工资的管道出现了问题。

从理论上而言,农民工讨要工资或者涨工资,所要面对的直接对象是资方,是劳方和资方的问题。但是就资本和劳动力力量对比来说,一个资本的力量要强于一个劳动力的力量,因为资本的选择度远远大于劳动力。为此,对劳方而言,为了应对资本的力量,必须不是单个的工人个体而是组织成为群体展开集体行动才能抑制资本的强势,得到合理的工资。这种在面对资本剥削和不合理行为及其维护自身权利的抗争过程中所产生的联合和结社行为,就是我们所说的组织权(right to organize)。怀特在研究工人阶级力量时指出,工人阶层的力量来源于两种:一是结社力量(associational power),二是结构力量(structural power)。所谓"结社力量"指的是"来自工人形成集体组织的各种权力形式",即工人阶级形成自己的组织、通过各种集体行动表达自己意愿的能

① 卡尔·波兰尼:《大转型:我们时代的政治与经济起源》,浙江人民出版社 2007 年版,第 113—115 页。

力;所谓"结构力量"指的是"工人简单地由其在经济系统中的位置而形成的力量"。"结构力量"由两种"讨价还价能力"组成。一种叫作"市场讨价还价能力",包括:第一,工人拥有雇主所需要的稀缺技术;第二,较低的失业率,即所谓"紧凑的"劳动力市场;第三,工人具有脱离劳动力市场、完全依靠非工资收入而生活的能力。另一种叫作"工作现场的讨价还价能力"。这是一种"从卷入严密整合的生产过程的工人那里所产生的能力。在那里,关节部位上的工作节点的中断,可以在比该节点本身更为广大的规模上,导致生产的解体"。① 毫无疑问,对农民工而言,结构力量是非常微弱的,他们几乎是无差量的非技术性劳动,而且人数众多,难以依靠非工资性收入而生活(尤其是二代农民工,回家种田种地对他们来说已经非常遥远了),工作现场的讨价还价更是不可能。他们的力量,在很大程度上可能只有怀特所说的结社力量,即我们所说的组织权。当然,这种组织权可能与西方的不同,西方的工人组织权可以起到平衡资方力量,但在中国当前现实状况下,由于缺乏集体行动的能力,如游行、大规模的罢工、集体协商工资等,这种组织权恐怕在更多的时候只是一个维权的组织。不过,即使这样的组织,在农民工群体中亦非常缺乏,这使得农民工维权显得异常艰辛。

这只是从理论和逻辑推理上来说,建立组织权对农民工而言非常重要。但是,在当前中国的现实状况下,农民工本人是否意识到了这一问题,或者说对他们而言,这种组织权有没有必要,如果有必要,是选择哪一种组织;如果没有必要,其原因又是什么?这是本章关心的主旨。浙江省已经是吸纳农民工就业的大省,根据省统计局 2006 年统计数据显示,浙江省农民工总数已达 1783 万,其中本省农民工约 1260 万,外省农民工约 523 万,农民工已经成为浙江经济社会发展中的重要力量。准确把握浙江农民工

---

① Wright E O. Working-Class Power, Capitalist-Class Interests, and Class Compromise. American Journal of Sociology, 2000, 105(4).

组织权问题的现状和存在问题,对建立和完善相关的政策制度和服务体系,有着重要的意义。为此,笔者于 2009 年 3~5 月,对浙江省五市(杭州、宁波、温州、金华、衢州)十县(区)60 余家企业、800 余名农民工进行了问卷调查和深入访谈。为确保问卷数据的真实性和有效性,本次调查采取多段抽样的方式抽取样本,共发放问卷 780 份,回收 773 份,获得有效问卷 750 份,回收率与有效回收率分别为 99.1% 和 96.2%。同时,亦做了 30 个农民工的深度访谈和相关政府部门(包括工会)的调查,以做问卷调查材料补充之用。

6.2 农民工组织意识和组织可能性

农民工的组织权问题实际上与他们的组织意愿和组织能力(可能性)密切相关。当广大农民工意识到农民工组织能够维护他们的权益,能够保障他们的权利,能够维护他们的尊严,他们才有这个意愿去成立或者加入组织,这是组织权的第一步;当意识到成立或加入组织的重要性和迫切性的基础上,还要有这个能力去建立组织或者加入组织,如政府的许可、组织的选择(工会或者其他组织)等才能真正实现组织权。

那么首先我们来看第一步,关于农民工组织意识问题。对农民工而言,要不要成立或加入某种组织,主要看这种组织能不能给自己带来好处,能不能实现自己的权利诉求。根据我们对浙江省农民工组织权的抽样调查发现,在被调查的 750 名农民工中,当被问及要不要成立农民工组织(包括加入工会)的时候,高达 61.3% 的农民工回答"要",回答"不要"的只有 30.6%,其余 8.1% 的人回答"不清楚"。这表明,大多数农民工对于成立农民工组织有相当的意愿。当我们继续追问那些回答"要"成立农民工组织(包括加入工会)的农民工,为何他们希望成立这样的组织时,50.7% 的人认为是"人多力量大、办事情方便",42.8% 的人认为是"可以提供工作信息及其人际交往",36% 的人认为"组织可以办一些个体办不到的事情",15.2％的人认为"组织可以出面解决劳资纠纷"。这表明,对农民工而言成立组织的目的首要的还是人多势众好办事,其次是提供工作信息和人际交往。这也就是农民工愿意成立和加入组织的基本动机。但是,对农民工而言,他们并没有把组织的成立看成是用来解决劳资纠纷的主要渠道,其所占的比例只有15.2％。所以我们从理论上推演出,中国当下农民工成立组织的主要目的是为了维权还是有问题的。在农民工看来,组织首先要给农民工提供内部服务,如提供工作机会、办事情方便及其解决一些现实问题,而不是把首要目标放在维权上。一些被访谈农民工说道:

> 加入工会的目的,说来其实很简单,就是希望它们给我们提供更多的福利,给我们一些培训的机会。想要让工会替我们出头,这不现实。它们其实也没有什么权力,而且也很难站出来给我们说话。工会也是老板派的,工会做不了主,有问题还得找老板。

> 我们加入老乡会,最大的好处就是这个网比较大。企业有什么用工情况,大家一交流,马上就知道了,工资高低也知道。在温州,我们安徽人很多,需要这样一个群体,把我们连在一起,有什么好的活干可以相互通个气。我们周边好多人的工作都是通过我们老乡会找到的,从这点看老乡还是比较铁的。

至于组织的可能性问题,目前而言,主要由两种渠道:一是利用现有的工会组织体系,把农民工整合到工会中去;二是成立各种各样的自组织或群体。由于农民工群体本身是工人阶级的一部分,而工会组织又是广大职工自愿结合的工人阶级群众组织,这就使得工会与农民工之间具有天然的可衔接性。尽管长期以来,我国工会只面向城镇居民身份的职工,农民工由于身份认证上属于农民而被排斥在外。但是近几年来,由于农民工作为工人阶级的身份逐步得到政府和社会的认可,这使得他们加入工会成为可能。如2003年8月,全国总工会宣布将尽可能多地组织农民工加入工会。短短一个多月的时间,便有3400多万农民工加入了数以百计的大大小小的打工地城镇工会组织①。尤其是近三年,工会对农民工的吸收力度越来越大。2006年,全国总工会就提出要吸收600万农民工成为会员。2007年,全国总工会统计数字显示,农民工会员已经超过6000万以上。2008年全国总工会又把依法组织农民工加入工会作为工会组建工作的重点,提出要努力确保全年全国新增农民工会员1000万人以上、农民工会员总数达到7000万人以上目标的实现,与此同时,截止到2008年12月31日,国家统计局统计农民工人数为2.25亿,这也就是说,到2008年底,30%以上的农民工加入了各级工会组织。国家工会组织之所以如此热衷于推动农民工加入其组织,除了农民工作为工人阶级一部分和工会具有天然的可衔接性之外,更为重要的原因恐怕还是在于工会的整合性功能。也就是说,通过工会这种正式制度安排,国家可以更好地管理和规制农民工,以防止农民工成立或加入各种其他脱离政府可控性的组织。正如有研究者所指出的那样,"如果我们不去'组织起来,切实维权',劳动关系就不会稳定和谐,企业生产和国民经济也不能健康发展。更为严重的是,我们不去组织他们,维护好他们的合法权益,他们就会自发地组织起来进行维权,现在一些地方出现的诸如'打工者协会'、'同乡会'、'劳权会'就是一个明显的例子。同时,我们不去组建工会,国外势力就会乘虚而入,建立第二工会。"②这实际上表明,政府让农民工加入工会组织,其主要目的是为了更好地实现对农民工的管理和控制。当然,为了实现这一目的,途径是要切实维护好农民工的权益。政府鼓励农民工加入工会,实际上走的是这样一条路径:首先让工会把农民工组织起来,在工会内部整合农民工的利益诉求,防止各种"不法"农民工组织的成立;其次

① 舒迪:《农民工正成为中国工人阶级的主要力量》,《金融信息参考》2004年第9期。

② 吴亚平:《对农民工"组织起来、切实维权"实现形式的探讨》,《中国劳动关系学院学报》2006年第1期。

通过工会这一正规渠道,在一定程度上维权,防止利益冲突所产生的群体性事件;最后的目标是为了实现政府对农民工的有效管理。显然,工会对农民工的组织、维权只是途径,对农民工的管控才是目的。

成立农民工自组织是农民工组织权的另一条途径。在我们所做的调查中发现,有 15.4％的农民工加入过同乡会或其他农民工自组织。当然,这些同乡会或其他农民工组织不像我们的工会组织那样,有严格的规章和程序,在很多情况下,这类组织往往都没有去政府部门登记,他们是靠地缘关系或者业缘关系而结成的松散组织。但是,这些看似松散的组织或群体却在农民工的现实工作和生活中扮演着重要的角色,如提供工作信息和就业机会、集体维权、人际交往及其各种各样的人际帮助,等等。它们的维权方式也与工会不同,工会维权靠的是组织出面来协调和解决问题,而它们则是通过同乡关系或者同事关系这种关系网络,采用集体的方式去维权,如集体去找老板或者劳动监察部门、群体上访或者静坐,等等。也就是说,他们靠的是人多势众,采取集体行动来向资方和政府施加压力,迫使对方采取行动以实现自身权益。这种集体行动在当前中国社会寻求和谐和稳定的大背景下,有着一定的优势,尤其是在引起主流媒体关注的情况下,更是如此。浙江杭州一些农民工就直言道:

> 要解决问题,就得让媒体来曝光,我们在省会,有这样的有利条件。1818 黄金眼、小强热线、范大姐等栏目都很好,如果有他们介入,一般都能得到较好的处理。企业、政府有关部门现在就怕我们找来媒体,一曝光他们拖欠工资,企业就没面子了。媒体曝光以后,有社会压力的。

但是集体行动并不能成为农民工维权的常态,因为要让同乡加入到集体行动中来,是需要各种基础性条件的。对于农民工维权而言,只有面对同样的权利受损,他们才可能起来维权。但是,同乡并不都是从事相同工作的,有的可能从事建筑业,有的可能在制造业企业工作,有的可能从事服务业,他们所面对的老板不尽相同,所面临的工作环境和报酬也不尽相同,集体行动谈何容易。即使是面对相同的工作,面临相同的压力,也可能存在着"搭便车"的现象,更何况参与集体行动也是有风险的,如遭到老板的恶意刁难甚至解雇,等等。

6.3 政府、工会、单位及农民工四者对农民工加入工会的态度

农民工加入工会是政府和媒体及其学界对农民工组织权的主流声音,而且这种主流声音也伴随着超过 30%以上农民工加入工会的实际行动,这两者的结合更使得人们对农民工加入工会有更多期待。但农民工加入工会,并不是工会一方的事情,它涉及政府、工会、单位和农民工四方的利益和理念博弈问题。

在农民工加入工会问题上,政府毫无疑问是最为热衷和积极的。在改革开放之前,通过城乡二元分割体制这种制度安排,政府把产业工人集中在城市,通过单位制等方式掌控工人阶级,把农民束缚在乡村,通过人民公社的政社合一方式来管理农村。同时,政府在单位体制内设立工会,作为维护工人利益的组织。但在计划经济体制下,工会逐渐演变成国有部门的行政附属物,使得它在很大程度上是政府行政组织而不是社会组织,只是偶尔改善职工福利、作为体现群众组织的虚设机构。在改革开放之后,在相当长一段时间内,工会依然没有转化职能,依旧扮演着这种行政附属物的角色,尤其是在国有企业和行政单位内部更是如此。但是随着农民工的大量融入城市工业和服务业,农民工开始成为中国锻造"世界工厂"的一部分。对政府而言,本来这些农民工在农村还可以通过党支部、村委会和经合社等"三驾马车"来管理和掌控,但当他们流动到城市后,对他们的管理就变得困难多了,同时,由于农民工又是工人阶级中的弱势群体,他们的利益代言和权利维护确实又面临着困境,屡屡发生的维权事件和各种群体性事件又威胁着社会稳定,这使得政府意识到必须把农民工管

理纳入到政府的治理中来。由于工会本身就是工人阶级的组织，这与农民工有着重要的契合性，同时更重要的是工会是共产党领导下的群众性组织，是党和政府可以"放心"的组织。因此通过工会吸收农民工这一渠道，党和政府可以更好地实现在城市社会对农民工的有效管理。

既然党和政府对吸收农民工持支持态度，作为党领导下的工会自然也是持积极态度的，不然工会这几年不会把农民工加入工会作为工会工作的中心任务，亦不会在短短几年内吸收如此多的农民工加入工会。由此，我们可以看到在全国总工会的积极部署下，各地方工会都在积极探索农民工加入工会及其工会维权的有效形式。目前，农民工加入工会主要有源头建会模式，项目入会制和广覆盖式，如建楼宇、街道、社区、乡镇、村工会三类。工会维权模式更多，如有义乌的社会化维权模式、上一级工会维权模式、城际工会合作维权模式、建立困难职工帮扶中心模式和行业工资集体协商模式五类①。不过，在工会大量吸收农民工入会的情况下，工会亦有自己的隐忧。一是农民工工作流动性大，工会应选择什么样的入会模式问题。由于农民工流动性大、行业分布性广，吸收农民工加入工会实际上面临着诸多难题。传统上工会工作在很大程度上是以单位为基本单元的，实行的是单向联系，消极被动的工作模式，这种工作模式显然不能适应农民工加入工会的需求。尽管各地进行了很多务实的探索，如城际间的工会会籍流动机制，使农民工关系可以随时转变——外出打工前，可在当地办理会员证，外出务工时，受当地工会管理，享受会员待遇，回乡务农时，打工地会籍自动取消。但两地工会的衔接还需要做大量工作，而且随着输出地农民工数量的增多，对输入地而言压力巨大，因为农民工主要工作在输入地，其权利受损和权力诉求也都在输入地，这对输入地工会而言工作任务异常繁重。二是大量

---

① 吴亚平:《对农民工"组织起来、切实维权"实现形式的探讨》,《中国劳动关系学院学报》2006 年第 1 期。

的农民工工作单位是私营企业和外资企业,在这些企业建工会,工会如何协调三者之间的关系。尽管 2003 年全国总工会第十四次代表大会已经明确表示,我国非公有经济单位的工会工作将成为中国工会的重中之重;工会的职能应充分体现其经济利益的维护功能,即充分利用工人阶级当家作主的政治优势,工会由传统的政治附属回归到经济利益代言人,代表整个工人阶级在市场经济中与资方就工资、就业条件等经济权益进行谈判、协商,从而成为工人阶级合法权益的坚强争取者、维护者。但是在现实工作过程中,工会在私营部门的维权还是步履维艰,因为私营部门可以通过各种方式来对付工会和工人,而私营部门的工会对付私营部门的手段则不太多。客观地说,在这方面,工会在私营部门维权还是"新手",面临不少现实问题的尖锐挑战①。三是在工会内部,如何处理"新老工人"的问题②。在国有企业建立现代企业制度的过程中,对利润的追求也成为不二法门,为了节省成本,大量的国有企业开始雇用农民工,相当多的国有企业农民工的数量超过企业其他员工。一旦工会把农民工都吸收进来,首先面临的问题就是新老工人如何协调的问题。我们在浙江余杭自来水公司所做的调查就展现了这一问题,工会主席坦陈了对这一问题的担忧。他说:"我们尽量做到一视同仁,但是在有些情况下,是非常困难的,如员工福利、参政议政问题等等。"这表明,对国有企业的工会而言,如何在工会层面整合新老工人的利益诉求和权利维护问题上,依然有很多路要走。这背后的理由就在于新老工人的结构特

---

① 程蹊、陈全功:《农民工维权组织的建立和作用效率的经济学分析——简论工会的改革走向》,《工会论坛》,2005 年第 1 期。

② 这里借用 Silver 的说法,当然我们在这里做了修正。我们所说的"新工人"指的是农民工,老工人是指原来的工人,如国企中的工人等。在 Silver 的著作中,"老工人"是指那些经过长久斗争,建立起自己的工会组织并且从资本家和国家那里获得了一定权益的工人阶级。"新工人"则指近年来进入生产过程的工人,他们缺乏自己的组织,没有讨价还价能力,因此在利益上受损的人。详见:Sliver B J. *Forces of Labor*. Cambridge University Press,2003,p1-12.

征、行动能力、再生产机制及其讨价还价的能力都有诸多的不同①。

单位对农民工加入工会的态度,其情况比较复杂。一方面,单位对农民工加入工会持肯定的态度,另一方面又有些踌躇,要"听其言、观其行"。在我们没有进行这项研究之前,我们以为单位性质的不同可能会影响其对农民工加入工会的态度,我们的假设是私营企业对此存在的疑虑会比国有企业大。但我们的调查发现,这种假设在很大程度上是多余的。这种多余主要有两个原因:一是支持农民工加入工会,这是党和政府的主张和意见,并已经上升到政策和法律的高度。比如,浙江省总工会、劳动和社会保障厅等七个部门早在 2005 年 6 月联合出台了《组织农民工加入工会的实施办法》,要求省内各家企业不得以任何理由拒绝农民工加入其工会。在这种背景下,不论是国有企业,还是私营企业,抑或外资企业不可能不领会到党和政府及其全国总工会的意思,不然企业就不能"玩"下去,他们必须明白在中国做企业和做市场的"政治经济学",即使企业内部有想法,在面子上起码也要建立工会,吸收农民工入会,至于入会以后的维权则可以静观其变。二是对企业来说,如果工会这条线用得好,也可以成为企业管理的重要手段。浙江杭州经济技术开发区一私营企业老板的话,在此颇有代表性。他说:

> 对企业来说,农民工管理本来就是一个大问题,非常难做。如果用工会把他们统合起来,用工会他们自己的组织来做他们的思想工作,来进行管理,他们会更听话,对提高生产效率很有帮助,对企业生产管理也很有好处。大家都希望企业发展,因为企业不发展或者倒闭了,那他们就要重新找工作,甚至失业,所以大家的根本目标都是一致的。企业搞好了,大家日子都会好过。企业也会拿出更多的钱给工会搞活动。工会要在这方面对农民工加强引导,朝有利于企业发展

---

① 沈原:《社会转型与工人阶级的再形成》,《社会学研究》2006 年第 2 期。

的方向努力,这样才是效益最大化。

这表明,对企业而言,一旦工会能成为企业管理的渠道,能提高企业的效益,他们是非常支持的,因为工会成了企业管理的重要资源。不过,单位亦非常明白,工会的首要目的不是为了提高企业效率,而是把他们"组织起来、切实维权"。一旦工会不是站在资方一边,而是站在劳方一边的话,工会就会成为"对抗"企业的力量,对企业来说,这等于是"养虎为患"。所以,企业的做法往往是让工会形成对行政主管和企业领导的高度依赖,而不是让它们去依赖会员——广大的农民工,这样工会虽然组织起来了,但它们难以成为切实维权的组织,难以代表职工的权益,这种依赖不除,工会的制度性弱势不可避免。有研究者称工会的这一现象为,"这边看看像党委的什么人,那边看看像行政的什么人,左看右看就是不像工人的什么人。"①

农民工自己是否愿意加入工会,其实涉及工会能否满足农民工组织权的问题。如果说,现行的工会组织能够满足农民工的组织权(正如工会所说的"组织起来,切实维权"),那么农民工是愿意加入工会的;但现实情况是,现有的工会组织离农民工的组织权还有很长的一段距离。一方面,相当多的农民工认为加入工会还是有一定的好处的,如工会搞搞旅游、发放一些福利、做一些免费培训及其法律方面的指导,等等。我们在调查中发现,有58.5%的农民工认为加入工会比不加入工会要好。这表明,相当一部分农民工还是愿意加入工会的。但是我们在调查中,也发现了农民工的两个疑问:一是工会维权能力薄弱,尤其是当农民工与企业或老板发生利益纷争时,工会的维权形同虚设。由于工会的制度性弱势,当农民工权益受到侵害时,其维权能力甚低,这导致了农民工在权益受到损害时,首先想到的不是工会而是找政府部门和老板直接谈。我们的调查亦证明了这一点。当我们问及,

---

① 冯同庆:《中国工人的命运:改革以来工人的社会行动》,社会科学文献出版社2002年版,第130页。

"当你的工资拿不到时,你会怎么办"时,找老板的占42.3％,找劳动监察部门的占31.5％,找老乡或朋友集体声援的占11.4％,找媒体声援的占11.2％,找工会解决的只有3.6％。这表明,当前农民工并不认为工会能够切实有效地维护他们的权益。浙江宁波一位王姓农民工的话颇能代表农民工对待劳资纠纷的态度,他说:

> 我们所在的这个地方,一般都是私营企业为主,企业规模不是很大,制度也不太健全。2008年以来,在金融危机的影响下,螺帽的出口不太好,没有什么订单,企业经常停停干干。发工资也不像以前那么准时了,以前都是每个月的10号,上个月到25号都没有发。没办法,我们只能去找老板,只有他说了才算。你要是去问工会,它会跟你说,我去帮你向老板问问。到底有没有问,其实我们也不知道,工会一般也不给我们回复。像这样的事,想明白点,只能找老板,老板说发就能发,他不说话,那就只能去找劳动监察大队或者媒体记者。这些都比工会有用多了。

第二个问题与第一个相关,既然工会在维护职工权益方面能力有限,交纳一定的会费加入工会又有什么意义呢。我们的调查发现,62.6％的农民工认为交纳工会费对他们生活有影响。2006年,浙江省农民工月平均收入为1218元,比全国966元的平均水平高出252元,但这一收入对生活成本较高的浙江城市而言,生存压力依然巨大。在这样的基础上增加任何一笔费用,对农民工来说都是一种负担。加之农民工由于流动频繁而在很大程度上不能享受工会能带来的好处。这两个疑问纠结在一起,就提出了一个尖锐的问题,工会拿什么吸引农民工入会? 尽管有58.5％的农民工认为加入工会比不加入工会好,但这只是农民工对加入工会"聊胜于无"的心态;超过30％以上的农民工加入工会,在很大程度上也只是政府和工会推动的行为,而不是农民工的自发自愿行为;搞搞旅游、发放一些福利、做一些免费培训等等,确实能在一定程度上吸引农民工,但这些"蝇头小利"即使没有工会存在,其他管理部门照样可以做。正如苏黛瑞所说的那样,对于进入城市中的农民流动者(农民工)来说,根本问题不在于直接去争取维持生计的收入、福利、服务等,而是争取获得这些待遇和机会的"资格",也就是争取"公民权"。① 毫无疑问,当工会不具备农民工权益聚合、表达和维护功能的情况下,工会对农民工的吸引力依旧会显得苍白。

所以,当前我们所看到的农民工加入工会的场景,往往是政府热情倡导,工会积极推动,单位尽相配合,但要为我所用,农民工则是聊胜于无,缺乏主动性。要建构让"农民工满意、企业满意、工会满意、政府满意"的四满意效果的农民工加入工会模式,依然有很多障碍要克服。

6.4 农民工之于自组织——动力及问题

20 世纪 70—90 年代,随着"全能国家的失败"和"全能市场的失效",人们发现"自组织"是一种最自然、成本低而收益高的人类关系协调机制②。所谓农民工自组织是指农民工自下而上建立起来的组织和群体,有时它是正式的组织体系,如一些农民工的NGO 组织,有时它又是某种"凝聚",如一些比较松散的"同乡会"、"老乡会"等。由于我们国家对 NGO 的管理十分严格,特别是注册登记方面限制得非常严厉,农民工组织想以公开的农民工自我组织等名义注册可能性比较低,因而,发展也比较缓慢,农民工加入的不多,甚至很多农民工都没有听说过这样的组织。目前,农民工加入自组织的主要形式是各种各样的同乡会,由于同乡具有地缘和生活背景相似性的特点,容易"凝聚"人心,从而形成非正式的群体关系。在我们所做的调查中,有 12.6%(农民工

---

① Solinger, Dorothy J. *Contesting Citizenship in Urban China：Peasant Migrants，the State，and the Logic of the Market*. Berkeley：University of California Press，1999，p3-7.

② 俞可平:《治理与善治》,社会科学文献出版社 2000 年版,第 58—59 页。

加入自组织的比例是 15.4%)的农民工加入的是这样自组织。

农民工之所以愿意加入这样的自组织与以下几个因素是分不开的：一是广大农民工有组织权的意愿，但政府和社会主导的现有工会组织模式难以满足农民工的需要。在一个"资强劳弱"的市场格局下，在一个政府对资本的保护甚于对劳工的保护制度格局下，劳工的权益，尤其是劳工中最为弱势的农民工权益往往受到不同程度的损害，而现有的工会组织体系，由于存在着制度性的弱势——工会组织对行政主管和企业领导的高度依赖，工会组织无法代表职工的利益，集体谈判、集体协商和集体合同制度缺乏组织[①]，因而难以切实有效地维护广大农民工权益。浙江余杭某塑胶企业一来姓工会主席说：

> 我们工会主席是兼职的，由董事长任命，在党委和上级工会组织指导下开展工作。说句心里话，我们也想为工人，特别是那些来打工的农民工谋取利益，但我们也不能不听企业领导的。要是不听企业的，饭碗都保不住。这是说心里话了。不光我们这个企业是这样子，我们余杭、萧山的企业都是这样的。我们企业在劳资关系方面做的比较好。但是一些私营企业碰到劳资纠纷的情况，工会一般不可能站到农民工一边，因为私营企业里工会其实根本没有什么权力。老板要工会存在的目的就是为了更好地管理农民工，而不是和老板作对。要是工会和老板作对，工会主席也就做到头了。这一点，做工会主席的人其实都懂。

从这位来姓工会主席的话中，我们可以看到，工会的制度性弱势正是由于制度性本身造成的，如工会主席的任命方式、由谁来领导工会主席等制度性问题，要让工会主席不站在企业主一边，必须破除这样的制度设置。然而，这种制度设置是与整个政治制度相关的，如干部的任命制、缺乏竞争性民主等，在这样的背景下，出现农民工对工会组织的不信任感也就不足为奇了。但是

---

① 冯钢：《企业工会的"制度性弱势"及其形成背景》，《社会》2006 年第 3 期。

另一方面,单个的农民工个体在维权的过程中,其成本非常高昂,因为单个的劳工在面对单个的资本时,具有天然的不对等性。个体的劳工只有联合,才能对付资本,取得讨价还价的能力,这就使得他们寻求组织成为必要。二是同乡会这一组织有效地衔接了农民工的社会资本。前几年,通过对格兰特诺维特和边燕杰等对"强弱关系"的研究和林南的"社会资本"理论的介绍,使得国内对农民工外出、地位获取、利益表达、组织网络等与社会资本或社会关系两者之间的关联的研究达到了汗牛充栋的地步①。对于农民工而言,由于缺乏政治资本、经济资本、文化资本,要在城市里生存和适应,一个重要的武器就是利用好既存的社会资本,尤其是社会资本中的"关系"资源。农民工之所以在社会中大量使用社会关系,与其说他们特别善于利用关系,还不如说城市或工厂中的各种制度安排难以依赖和使用,这使得他们除了利用关系没有其他办法。同乡会在这一点上有着很好的契合性,通过同乡这种地缘关系拉近彼此的空间和心理距离,从而易于组织或群体的建立。我们在浙江义乌所调查的安徽同乡会的一些农民工表示:

　　　　我们在外地打工其实很不容易,来到一个陌生的地方谋生,容易孤独,工作其实也不太稳定,流动很大。一般我们很少与本地人联系,我们与他们实际上生活在两个世界,他们谈的是如何买车买房,我们则是关心企业能及时给我们发工资,那里可以买到便宜一点的东西。但一起来打工的就不一样了,尤其来自同一个地方,大家能说到一块,老家县里怎么样了,玉米今年缺不缺水等。同乡就是这样,特别能谈得

---

① 比较有代表性的研究可见:李培林:《流动民工的社会网络和社会地位》,《社会学研究》1996 年第 4 期;王汉生等:《"浙江村":中国农民进入城市的一种独特方式》,《社会学研究》1997 年第 1 期;农村劳动力流动的组织化特征课题组:《农村劳动力流动的组织化特征》,《社会学研究》,1997 年第 1 期;项飚:《流动、传统网络市场化与"非国家空间"》,载张静:《国家与社会》,浙江人民出版社 1998 年版;李强:《中国大陆城市农民工的职业流动》,《社会学研究》1999 年第 3 期;刘林平:《外来人群体中的关系运用——以深圳"平江村"为个案》,《中国社会科学》2001 年第 5 期。

来,特别能相互帮忙,我们关系好的,基本上都是同乡。

三是同乡会这一组织能在一定程度上满足农民工组织权的需要。同乡会这种群体或组织由于具有极强的"熟人社会"特性,彼此之间联系较为密切,这使得同乡会在维权时具有较大的号召力。我们在浙江杭州经济技术开发区所做的调查发现,有一个"河南同乡会",其活动能量很大。如我们在调查时,刚好几个河南籍的老乡被厂里拖欠工资了,同乡会号召明天不上班的老乡集体到厂里去找老板,第二天中午老板就乖乖地把拖欠的工资还给了这几个工人。此外,这个同乡会还通过提供工作信息、提供短期帮助等方式来提高自己的声誉,同乡们对这一组织的认同度也比较高。被拖欠工资的王某向我们说到,"找同乡会比找工会管用多了,我们现在碰到这样的事,不再像以前那样闷声不说了,我们要找同乡会,得到我们应该得到的东西"。这表明,通过同乡会去维权,同乡们逐渐意识主张自己的权利的重要性,也就是说,同乡会这种组织体系起到了权利培养和权利保障的作用,这是自组织培养公民权的重要内涵。

但是,我们也不能过高地评价这种自组织体系,当前,它还面临着诸多难题。一是行动的合法性基础。由于制度性的障碍,大部分的农民工组织都是没有经过注册的,而没有注册的组织,很容易被定性为非法组织,随时面临着被政府部门取缔的风险。上述的"河南同乡会"就是这样一个没有注册的不受法律保护的组织。二是难以和政府进行合作,共同维护农民工权益。一方面,农民工自组织的非法身份使得政府不愿合作或对合作有所顾虑;另一方面,这些农民工自组织也认识到,虽然政府有相当多的资源可以共享,可他们认为双方的工作理念和行动方式有冲突因而很难合作。三是这些自组织的作用还比较有限,在保障农民工权利方面还不尽如人意。一方面,在维权方式上,靠的是"抱团作战"的方式来迫使资方让步,依靠的是人多力量大,而不是靠组织的制度性方式来谋求权利,这种集体行动的方式往往面临着风险,如产生群体性事件、触犯相关法律等。另一方面,它是一种事后维权模式。由于自组织模式难以作为一个独立的力量参与政策、立法过程，因而难以从源头上实现和保障农民工的公民权。据我们在杭州、宁波、金华等地所做的调查均发现，这些同乡会组织在政策制定和实施上的参与都是空白。当然，这不是由于这些组织不想参与，而是某些制度性的障碍阻碍了他们参与政策制定的可能性和现实性。在中国这样一个强调威权"父爱主义"的国家中，党和政府相信自己能够解决好农民工组织权问题（如把农民工纳入既有工会组织中来），因而，农民工自组织能够发挥作用的也只是工会的必要补充，所以，农民工自组织是要在一定的可控范围内活动的，而不能跃出这一范围。当然，这也不是说，农民工自组织就没有存在发展的空间，从某种意义上说，这个补充，对国家或社会来说，是不可或缺的，它对于凝聚农民工之间的团结和整合，对于约束企业的不良行为和侵权行为，对于工会维权职能和工作方式的转变，都是一个很重要的促进因素。

7 塑造志愿行动的公共空间
——一个农民工草根志愿组织的实践逻辑

随着改革开放的深入,经济和社会的转型,美国学者萨拉蒙所说的"全球结社革命"①同样也波及了我国。近年来,在政府以外发展起来的、被冠以多种名称(如民间组织、志愿组织、非政府组织、非营利组织等)的各种组织大量涌现,活跃于社会生活的各种领域。本章所要考察的农民工草根志愿组织,就是新近出现并汇入其中的引人注目的一员。

本章以"草根之家"这一农民工草根志愿组织为个案,着眼于行动者的"行动"和"实践"的层面。在了解"草根之家"为什么产生、怎样产生及其现实当下的生存状态的基础上,探究作为一个行动者的组织的实践逻辑,包括个人因为什么动机而参与志愿行动?行动者如何赋予自身的行动以意义?如何建立对志愿行动的集体认同?行动者如何通过自己的行动争取合法性承认?选择什么样的行动策略?

为探讨以上问题,本研究直指农民工草根志愿组织的行动过程和实践逻辑。全文着重考察实践过程的两个方面:一是志愿行动的意义建构、意义认同,即个体的志愿者如何赋予自身的志愿行动以意义,建构起什么样的意义框架,进而又是如何在组织化的志愿行动中逐渐形成志愿组织的集体认同;二是行动者如何行

---

① 莱斯特·M·萨拉蒙:《非营利部门的兴起》,载何增科编:《公民社会与第三部门》,社会科学文献出版社 2000 年版,第 243 页。

动来争取合法性的承认、动员社会资源,采取什么样的行动策略。

7.1　问题的提出

7.1.1　研究对象的界定

20世纪80年代中期以来,随着国家与社会的关系的变化,民间社会组织化程度的增强,志愿组织蓬勃发展起来。此类组织一直存在着相近甚至可以相互替代的多种名称,诸如第三部门、非政府组织、非营利组织、公民社会组织、民间组织等等。目前学术界对于这些相关概念尚没有明确而统一的界定。在这里,有必要把这些与本章研究相关的概念进行梳理,厘清相关概念的内涵,进而对草根志愿组织的概念有个清晰而确切的界定。

美国学者莱斯特·M·萨拉蒙对"非营利组织"的界定得到了很多人的认可,他认为这些组织的共性表现在以下几个方面:①组织性,即这些机构都有一定的制度和结构;②私有性,即这些机构都在制度上与国家相分离;③非营利性,即这些机构都不向他们的经营者或所有者提供利润;④自治性,即这些机构都基本上是独立处理各自的事务;⑤自愿性,即这些机构的成员不是法律要求而组成的,这些机构接受一定程度的时间和资金的自愿捐献。[①]

"民间组织",也就是NGO,并不完全等同于上文提到的"非营利组织"。在中国,民间组织包括社会团体和民办非企业单位这两类社会组织。其中,社会团体是指中国公民根据自愿组成,为实现会员共同意愿,按照其章程开展活动的非营利性社会组织。民办非企业单位是指企业事业单位、社会团体和其他力量以及公民个人利用非国有资产举办的,从事非营利性社会服务活动

---

① 莱斯特·M.萨拉蒙:《全球公民社会—非营利部门视界》,贾西津等译,社会科学文献出版社2002年版,第4页。

的社会组织。① 王名认为,那些不以营利为目的,主要开展各种志愿性和公益或互益活动的非政府的社会组织都可以视为非政府组织,也就是民间组织。②

秦晖从政府、市场及两者之外领域的逻辑关系来界定"第三部门"。秦晖认为市场是以志愿(自由交易)方式满足私人利益的机制,而国家则是以强制(权力)运作方式满足公共利益的机制。由于这两种机制的不足,于是产生了以志愿方式满足公共利益的机制,即第三部门。因此,在他看来,第三部门具有"以志愿求公益"的特征。③

在我国,存在着由机构自上而下成立组织和志愿者自下而上发起成立组织这两大类志愿组织。机构成立的志愿组织称之为"公营的志愿组织",例如政府的各级社会组织和共青团的青年志愿者协会。这些公营的志愿组织经常是正式注册的,有明确的行政等级机构,依靠行政的动员方式来网罗志愿者,带有鲜明的政府性质,履行着一定的行政职能,有时被视为"第二政府"。尽管此类组织的志愿性不太显著,但却为志愿者参与志愿活动提供了正式和合法的渠道。另一类则是民间志愿组织。这些组织的产生往往是自下而上,由志愿者自己发起的,未经注册而不具有合法名分。为了名正言顺,他们需要依附于政府部门及官方志愿组织下面,或者以社会企业的名头行公益性志愿组织之实。④

综合上述的界定,我们可以发现,"民间组织"、"志愿组织"等概念所涵盖的外延大致相同,但也反映出不同的侧重,比如"非政府组织"强调非政府非官办性,"非营利组织"强调组织的非营利

---

① 王名、刘国翰、何建宇:《中国社团改革—从政府选择到社会选择》,社会科学文献出版社 2001 年版,第 13 页。

② 王名、贾西津:《中国 NGO 的发展分析》,《管理世界》2002 年第 8 期,第 31 页。

③ 秦晖:《政府与企业以外的现代化——中西公益事业史比较研究》,浙江人民出版社 1999 年版,第 5 页。

④ 朱健刚:《草根的力量——草根志愿组织与中国公民社会的成长刍议》,《志愿服务论坛》2004 年第 3 期,第 3 页。

非企业性,"民间组织"暗含着"政社分开"的价值取向。不过,从本章的研究来看,"民间组织"、"志愿组织"等概念仍过于宽泛。为更有效、更精确地界定本章的研究对象,现引入"草根"的概念。

"草根"一词,意指与精英相对的、处于社会底层的人们。本章界定的"草根志愿组织"是在上述概念基础上,特指那些源于底层力量的,基于行动者的共同志愿而自发组成的组织,是志愿行动者们为了表达和实现共同的目的和愿望而形成的组织。郑瑞涛认为,这类组织基本上都是依靠草根的力量发起的,因而具有纯粹的民间性,不依赖于国家的经费和人员编制而存在,与政府部门或其他单位也没有直接隶属关系,在真正意义上具备自发性、自愿性、公益性这三个特点。一是自发性,组织是自下而上产生,而不是由政府或者某个权势集团自上而下组织的。二是自愿性,成员参与志愿服务的意向不是由于外界的压迫或是政府的动员,而是自愿参与。成员可以自愿加入和退出。三是公益性,组织的活动是出于公益信念,从事公益性的社会服务,而不是用来谋求个人或者家庭的经济利益。组织不以营利最大化为导向,即使通过服务可能获得经济利润,也不在组织成员间分配,而用于公益目标。[①]

7.1.2 研究理路

本研究以一个名为"草根之家"的农民工草根志愿组织为研究对象。之所以如此选择,是出于以下考虑:

第一,农民工草根志愿组织是新近出现的志愿组织实践,以关注农民工的情感、归属、发展、维权等精神层面的需求为切入口,与全社会对农民工问题的关注密不可分,具有深厚的社会意义。

第二,在笔者的生活环境中,正好存在着这样一个农民工草根志愿组织。"草根之家"是笔者所了解到的杭州地区唯一一个

---

① 郑瑞涛:《行为志愿与制度约束》,中央民族大学 2006 年硕士学位论文。

农民工草根志愿组织,曾成功举办过"草根文化节"等社会公益活动,具有较大范围的影响力。同时,该组织正处于草创阶段,是正在形成中的作品,有利于笔者从志愿行动的实践逻辑的角度对其进行研究。

第三,笔者与该组织接触过多次,作为一个"圈内人"多次参与到它们的活动中去,收集到大量的一手资料,为研究奠定了扎实基础。

另外,需要指出的是,鉴于许多志愿者并不是为了组织而组织,而是因为志愿行动聚集到一起,并出于行动的需要逐渐呈现出了组织形态,组织的形态又尚未稳固,因而在此,笔者引用学者朱健刚的界定,将志愿者看作行动者,将草根志愿组织看作"一系列志愿行动的载体和行动者的聚合状态"。[①]

如上所述,笔者所要研究的草根志愿组织目前处于草创阶段,尚未形成定型化的稳固组织结构,始终处于不断的变动之中,具有一定的不确定性,是志愿行动的载体和志愿者(行动者)实践的产物。因而,笔者的研究将着眼于行动者的"行动"和"实践"的层面,在了解农民工草根志愿组织为什么产生、怎样产生及其现实当下的生存状态的基础上,探究作为一个行动者的组织的实践逻辑,包括个人因为什么动机而参与志愿行动?行动者如何赋予自身的行动以意义?行动者如何建立对志愿行动的集体认同?行动者如何通过自己的行动争取合法性承认?选择什么样的行动策略?

为探讨以上问题,本研究将引入以下概念:

(1)社会行动

韦伯把社会学视为一种探讨人作为主体的社会行动的理论,认为社会行动是指行动的个人赋予其行为以主观意义,考虑到他人的行为,并且在其行动过程中也是以他人的行为为目标的行

---

① 朱健刚:《行动的力量——民间志愿组织实践逻辑研究》,商务印书馆 2008 年版,第 11 页。

动。可见,韦伯强调的是社会行动的意向性,其社会分析的中心放在个体行动者及行动的主观动机和意义联系上,而不是结构、组织和制度,因为后者仅仅是行动者行动的过程、结果与方式而已,它们的性质只能由个体的行动来决定。因此,社会现实从根本上说是由个体有意义的社会行动构成的,个人是有意义的社会行动的上限和唯一载体,只有个体才使有意义的社会行动成为可能。[①]

基于这种意向性的社会行动,社会学所要做的就是要理解行动的意义和行动者的意图,韦伯称之为"理解社会学"。理解社会学理解的基本单位是个人及其行动,这为我们提供了"方法论上的个人主义"。其实质在于:不仅需要理解行动的主观上意指的意义,而且还应说明人们的信念和价值观是如何决定其行动的。

(2)集体行动

集体行动是学界长期关注的议题,主要是关注在什么社会因素的影响下,会产生一致性的行为,这种行为又会对社会产生什么影响。七十年代以前,研究者常把这类一致性行动看作人们在非理性情况下参加的"社会解体"中不受规范制约的行为,例如暴乱和骚乱。但在之后,集体行动被看作是理性选择的结果,涉及利益计算和价值规范,是有组织的持续性的社会行动。它常常拥有明确的社会变革的目标,往往针对社会公平缺失或者社会发展不足等议题,希望通过集体的行动来推动社会变革。[②]

有学者指出,对于集体行动,在西方一直存在着资源动员理论和新社会运动理论的争论。资源动员理论关注社会集体行动中的理性选择,他们假设运动的参与者是基于"搭便车"困境下的理性选择而参加组织行动的,行动的组织成为研究的要点,运动被理解为一种组织和组织行为。近年来新社会运动的出现,对资

---

① 于海:《西方社会思想史》,复旦大学出版社2004年版,第313—316页。
② 朱健刚:《行动的力量——民间志愿组织实践逻辑研究》,商务印书馆2008年版,第15页。

源动员理论提出了较为彻底的批评。新社会运动理论的主张者发现,在 20 世纪 70 年代以来欧洲和南美国家出现的一些社会运动已经和旧的工人或农民运动不同,参与者并非受到选择性激励的驱使才投身运动,他们也并无严格的、职业化的组织,通常仅有十分松散的联系,运动所要维护的,也是诸如和平、妇女和同性恋自主权、保护环境这样的非物质的目标,而斗争的焦点也从工厂转移到了社区。新社会运动研究运动内部如何建构集体信念和身份认同,以及运动通过何种方式令社会认同他们所倡议的价值理念。在长期论战之后,近年来,新社会运动理论主张的集体认同的构建和资源动员理论主张的动员策略已经开始整合起来,以一种综合的视野,把集体行动理解为一个话语以及互动的持续建构过程,机会结构、动员策略以及意义框架构成分析集体行动的概念工具。①

王国勤指出,综观国内集体行动研究,在研究取向和方法上,以运用结构性分析居多而过程分析较少;运用理性主义分析居多而建构主义分析较少。在关注的议题上,大多数研究只关注在对"被迫反应式"的和直接利益相关者的集体行动的研究,而忽视了对近年来集体行动的新的动因和特征的研究,也就是那些在中国社会转型中随着新的利益博弈格局而出现的主动追逐利益、以维护某种价值为目标、以大量无直接利益相关者参与其中的集体行动。② 这一新的集体运动需要被研究者们给予更多的关注。而新的理论增长点可能就在这种关注中不断出现。

(3)实践逻辑

布迪厄在《实践感》一书中,努力捕捉那些"没有意图的意向性;没有认知目的的知识,捕捉行动者通过长期沉浸于社会世界之中而对其所处社会世界获得的前反思的下意识的把握能力,捕

---

① 朱健刚:《行动的力量——民间志愿组织实践逻辑研究》,商务印书馆 2008 年版,第 15 页,第 17—18 页。

② 王国勤:《当代中国"集体行动"研究述评》,《学术界》2007 年第 5 期,第 270—271 页。

捉那些能够界定人类实践的东西"。① 可见,布迪厄强调对行动者的实践过程及其实践逻辑的关注。

区别于经济人的理性逻辑,实践逻辑强调人们在实践中并非只是进行利益得失计算,而是按照一定的价值观和习惯来选择自己的行动。它常常表现出不确定性和模糊性,强调行动者在能动性行动过程中反映社会的结构性事实。

以上各种理论视角为本研究提供了重要的方法论指导,在有选择地选取适用于本研究的理论思路和相关概念的基础上,笔者的研究指向农民工草根志愿组织的行动过程和实践逻辑。

受朱健刚对于民间志愿组织实践逻辑的研究思路的启发,笔者的考察着重在实践过程的两个方面:一是志愿行动的意义建构、意义认同,即个体的志愿者如何赋予自身的志愿行动以意义,建构起什么样的意义框架以形成志愿组织的集体认同;二是行动者如何行动来争取合法性承认、动员社会资源,采取什么样的行动策略。

一方面,由于志愿活动常常是不计报酬的,单纯的基于物质利益进行理性选择的行动逻辑并不符合多数志愿者行动的动机。因此,对于志愿者尤其是志愿行动的组织者来说,他需要赋予自己的行动以某种超越物质利益的意义,发挥集体行动的动员作用,在成员内部建构出一种基于共同身份、命运和维护群体的责任担当的对群体的团结感和对自我的道德满足感的意义框架,由此组织就可以在持续的行动中逐渐发展出共同的价值观。

朱健刚认为,意义的赋予过程是志愿者在自己的价值观影响下,结合机会空间和拥有资源状况所进行的意义创造。在这一创造过程中,行动者往往要根据自己对待社会和个人的是非判断来界定自身行动的正义性,并在此基础上根据现有的机会空间和资源拥有情况,使得这一意义判断可以与自己最近的事件和人们的

---

① 皮埃尔·布迪厄、华康德:《实践与反思——反思社会学导引》,李猛、李康译,中央编译出版社1998年版,第29页。

经验相吻合。这也就是斯诺和本福德所说的意义框架建构,通过提供一个诠释架构,令人们对于相关的事件或情况赋予意义,最终达到动员组织的潜在支持者、争取旁观者的同情理解并钳制反对者。[①] 在这里,笔者试图探讨的是志愿行动的组织者如何设置这样的意义框架,使得人们能够赋予自己的志愿行动以共同的意义。

另一方面,对农民工草根志愿组织的行动策略的研究将集中于如下问题:当志愿者为了追求意义而开展行动并推动志愿行动的组织化的时候,怎样动员资源、改变现状、突破障碍、达到目标?对于这个问题,笔者将试图从政治、行政以及社会的合法性认可的获得来展开。

由于草根志愿组织并不是原有体制的产物,且或多或少带有变革现有社会现实的意图,与现有体制必然存在冲突,需要"非制度化的政治参与方式"。[②] 学者张紧跟更是据此提出了"非正式政治"[③]的概念。当前的志愿组织及其行动普遍缺乏资源和活动空间,其关键在于其合法性无法得到承认。草根志愿组织在合法性身份的争取、资金和人力等社会资源的动员等方面都必须采取行之有效的策略以获得这种"承认的政治",包括如何与各级政府部门打交道,以合理性的活动换取合法性的身份;与新闻媒体建立关系、展开互动;与专家学者、高校社团等社会力量的合作和得到其支持。

最后再对本研究采用的方法做一点说明。本研究采用实地研究的调查方式。本人由于与草根之家核心成员接触过多次,因此可以作为"圈内人"参与到草根之家的志愿行动中去,为调查资

---

① 朱健刚:《行动的力量——民间志愿组织实践逻辑研究》,商务印书馆 2008 年版,第 18—19 页。

② McAdam Doug. *Political and the Development of Black Insurgency* 1930—1970. Chicago:University of Chicago Press, 1982,p25.

③ 张紧跟、庄文嘉:《非正式政治:一个草根 NGO 的行动策略》,《社会学研究》2008 年第 2 期,第 136—149 页。

料的获得提供了便利。在调查资料的收集过程中,笔者力求保持研究的客观,还原事情的本原。笔者主要采取了文献资料法、半结构式访谈、参与式观察、个案研究、个人文献与生活史研究等调查方法收集相关材料。

本章所使用的一手资料主要是笔者在 2008 年 12 月对草根之家的调研中收集的,包括三个部分:一是笔者对草根之家主要负责人及另外几位志愿者的访谈记录;二是笔者在草根之家网站及报纸、网络等其他新闻媒体上搜集到的相关资料和新闻报道;三是笔者在志愿服务活动中,通过参与式观察收集的各种内部文字材料。

7.2　相关研究梳理

7.2.1　关于草根民间组织的研究

目前,国内的草根民间组织研究方兴未艾,大多数采取了"自上而下"的研究思路,即从政府的角度来面对草根民间组织,针对其现状和困境提出改善法律制度环境、加大扶持力度等措施以促进草根民间组织的发展。具体可以归纳为以下几个方面。

一是关于民间组织本身发展的研究。以王名为代表的清华NGO 研究通过关注如地球之友、地球村这样的草根 NGO 来切入NGO 的分类研究,并逐渐深入到组织的基本属性、产权基础、治理结构、能力建设及生存环境层面,归纳出我国草根民间组织的发展困境,进而从政府的角度提出促进草根民间组织发展的建议,探讨应该建立什么样的法律政策和制度环境来规范不同类型 NGO。[①]

二是从民间组织作为构建公民社会的基本细胞的定位出发来讨论 NGO 发展的方向及其对公民社会的重要意义。俞可平认

---

① 王名:《非营利组织的社会功能及其分》,《学术月刊》2006 年第 9 期,第 9—11 页。

为,公民社会作为国家或政府之外的所有民间组织或民间关系的总和,其组成要素是各种非国家或非政府所属的公民组织,包括非政府组织、公民的志愿性社团协会、社区组织利益团体和公民自发组织起来的运动等,这些民间组织从无到有、由小到大,由不成熟到成熟,其成熟与否是判断公民社会发展程度的重要标志。[①]俞可平对民间组织是寄予了厚望的,将其上升到了政府治理转型的层面,"当一个社会的管理是由公民社会组织独自进行或与政府及公共机构共同完成时,社会管理的方式将不再被称作集权式的统治而是治理了"。[②]

三是讨论草根 NGO 与政府的合作。王华对政府与非政府组织的合作伙伴关系进行了研究,指出由于非政府组织具有政府组织所没有的特性和功能,因而能够在政治体系外部弥补政府组织治理公共事务的不足,发挥自身灵活、精干、专业、高效的优势,并重新激活公共事务领域中被政府组织所遗漏的"治理盲区"。首先,非政府组织能够深入民间,凝聚社会资本,构建自组织网络,提高治理绩效。其次,非政府组织可以有效介入公共事务的服务与治理层面,以服务与治理行为为纽带整合社会相关阶层的利益要求,在政府与市场之外发挥其独特的作用。此外,非政府组织的活动能有效地促进民主,塑造参与型的公民文化。为了达成政府组织与非政府组织的合作,一方面,非政府组织必须加强自身的制度建设,提高自身的技术水平,提升其治理公共事务的能力,另一方面,政府也需要转变角色,变管制和控制为开放和引导,敞开公共事务治理的边界,降低公共服务的门槛,培育良性的合作氛围。[③]王华对于非政府组织与政府间的合作是充满希望的,"随着非政府组织在自身努力和全球共识中的不断发展,将会有更多

---

① 俞可平、王颖:《公民社会的兴起与政府善治》,《中国改革》2001 年第 6 期,第 38页。

② 同上。

③ 王华:《治理中的伙伴关系:政府与非政府组织间的合作》,《云南社会科学》2003年第 3 期,第 26—27 页。

的对公共事务治理的职能从政府权威部门转移到社会公共部门甚至私营部门,不同部门将相互依赖,彼此形成'伙伴关系',在一种持续、互动的过程中达成公共秩序,增进公共利益"。[①]

四是草根民间组织的合法性探讨。目前,这一方面的大多数研究都是从呼吁政府改善我国目前的双重管理体制的角度提出解决办法的,很少有文章从草根民间组织的角度去论述草根民间组织该如何行动。而事实上,解决草根民间组织的合法性问题正是一个草根民间组织如何获得合法性承认的问题,立足于草根民间组织,去论述其争取承认和认可的行动是一个很重要的路径。

学者高丙中在《社会团体的合法性问题》一文中以"合法性"这一概念和相关理论切入,引申出一组分析社团兴起和运作的操作概念,并分别从社会合法性、行政合法性、政治合法性的层面探讨了民间社团何以能够在与法律不一致的情况下"正常"地存在并开展活动。在高丙中看来,获得各种维度的合法性承认是民间社团得以生存和发展的关键,从合法性的视角来研究社会团体,是一个很好的概念,"我们把'承认'作为判断合法性的标志,并把合法性划分为法律合法性、政治合法性、行政合法性、社会文化合法性是有用的"。[②] 这是国内学者第一次将社会团体的合法性进行了规范的界定和分析,为后来的研究提供了直接的参考和丰富的空间。

上述的相关研究基本上涉及了草根志愿组织的微观和宏观两个层面。在微观层面,主要是关注社会团体的价值取向、组织结构特征;在宏观层面,涉及一个社团赖以生存和发展的诸如法律、行政、政治、社会等制度环境。但是,上述的研究主要是在"第三部门"、"非营利组织"、"社会团体"等这些大致相近的概念下进行的,很少聚焦到草根志愿组织上来。由于草根志愿组织具有其

---

① 王华:《治理中的伙伴关系:政府与非政府组织间的合作》,《云南社会科学》2003年第3期,第28页。

② 高丙中:《社会团体的合法性问题》,《中国社会科学》2000年第2期,第101—103页。

独特性,这些观点是否对其适用,还需要进一步检验;同时,上述研究往往缺乏对草根层面志愿组织的行动过程和实践逻辑的剖析,有待进一步的填充和完善。

7.2.2 农民工组织化研究

有学者指出,目前学术界的农民工组织建设研究,至少存在以下几个不足:[①]一是研究尚处于"提出问题"的阶段,大多没有进入到"解决问题"的阶段;二是研究的"零散性",对农民工组织建设的研究大多只是在研究农民工问题中随便提出来作为补充性问题,并没有把农民工组织建设作为农民工问题的关键因素进行系统的、专项的研究;三是研究深度不够,大多数研究只作一般性的描述或纯理论层面的探讨,而少有理论与现实相结合来探讨农民工组织建设问题形成的内在机制与深层次根源。因此,农民工组织研究依然任重而道远。

韩福国在《新型产业工人与中国工会》一书中,对农民工自组织作了专门的考察。韩福国认为:对于农民工这一社会转型时期出现的新的社会群体,他们的组织归属问题是一个极其迫切的问题,如果原有的社会组织不能适应形势,对这一群体进行包容和整合,那么这一群体就会自发地形成新的社会组织来满足他们的需求,维护他们的利益。这是组织产生的最根本动力。[②]

对此,韩福国等人提出了"原生态组织"的概念,来形象地界定农民工的自组织。所谓原生态组织,是"指在没有国家介入的情况下,处于某种危害下的社会个体出于对自身利益的保护,以免自己处于不利地位而形成的具有共同基础的最初形态的群体。……原生组织的产生方式是自下而上的,并不是政府主导的,具有草根性质,与国家分离,因而它具有私有性。此外,原生组织更

---

① 陈成文、廖文:《回顾与展望:制度社会学视野中的农民工问题研究进展》,《重庆社会科学》2007年第5期,第114页。

② 韩福国等:《新型产业工人与中国工会》,上海人民出版社2008年版,第86页。

多的是维护自身的利益防止损害,还没有营利的可能;原生组织的成员是志愿成立组织的,并非法律规定,且组织能独立处理事务,具有志愿性和自治性。"①

韩福国以义乌同乡会为例,考察这种原生组织在帮助农民工方面到底发挥着什么样的积极作用以及其所面临的现实困境和所带来的负面效应等问题。韩福国认为,"同乡会等原生组织是城市农民工重要的社会支持和社会组织资源,它既可以作为个人之间的关系互惠互助,又可以作为具有同质性的群体与外界社会协调整合,弥补正式社会组织机制不完善所造成的同乡权益受损失或同乡群体与所处社会环境的失调,帮助同乡农民工能够尽快融入所处的社会。"②具体的积极功能主要有:①维护部分农民工的经济利益,包括讨要被拖欠工资、解决劳资纠纷等等工人与厂方以及工人之间的一些矛盾纠纷。②满足成员的情感需要,减少心理障碍,成员在同乡会里可以发议论、谈感想,表达自己的喜怒哀乐,取得他人的同情支持,进而缓解心理压力。③有利于构建社会关系网络,凝聚社会资本。在带来上述正面效应的同时,原生组织也面临着巨大的困境,包括合法性的阙如,较强的封闭性和排他性,存在黑帮化风险以及组织内部建设问题等等。③

尽管,韩福国对义乌同乡会等原生组织的考察为我们研究农民工组织化提供了一个很好的思路,但是,这类农民工原生组织与我们所要研究的农民工草根志愿组织依然是有差别的,现实中的农民工草根志愿组织是多种多样的,需要我们从实际出发,具体案例具体分析。

7.2.3 农民工草根民间组织研究④

目前,在中国存在着极少部分由农民工自发组建的草根组

---

① 韩福国等:《新型产业工人与中国工会》,上海人民出版社 2008 年版,第 88—89 页。

② 同上,第 104 页。

③ 同上,第 91—110 页。

④ 本节具体内容请参考占少华、韩嘉玲:《中国的农民工非政府组织:经验与挑战》,http://blog.sina.com.cn/s/blog_4b83da09010006bq.html,2005-6-24

织,这类组织是非政府、非营利性质的,致力于解决各种农民工问题。占少华等人对农民工草根民间组织作了类型化的研究。

在《中国农民工非政府组织:经验与挑战》一文中,占少华认为,从成立形式看,农民工草根志愿组织可分为自发型与外生型。自发型指由农民工群体自身产生,同时又服务于农民工的非政府组织。外生型指由关注农民工生存及权益状况的机构或社会人士成立的服务于农民工的组织。值得注意的是,在实际运作中这两类组织有相互融合的趋向,表现为自发型积极地寻求外部援助而外生型也吸收农民工为志愿者或会员来进行自我服务。

在实际中,农民工草根志愿组织主要提供权益维护、培训咨询、援助服务与文娱交流四个方面的服务,大多数组织都涉及这些内容的两个或多个方面,但为了区分起见,占少华将不同组织按各自的特色项目分为维权型、培训型、援助型与文娱型,并逐一加以考察。维权型主要是帮助农民工维护他们在雇佣关系中的合法权益(如拖欠工资、工伤赔偿、性骚扰和人身伤害等),采取的方式有协商谈判、法律诉讼、新闻报道等。第二类是培训型组织,这类组织主要通过培训、讲座、咨询、散发宣传册等形式来对农民工进行技能、法律知识、健康知识、求职技巧、城市生活常识等方面的教育与培训。第三类援助型组织的特征是为对由于突发事件(如交通事故、疾病等)而处于困境中的农民工进行物质方面的援助,例如向他们提供救济金、发放药品等。由于大多数农民工非政府组织的援助实力还比较弱,所以目前还没有以此基础上活动为主要服务内容的组织,但已有一些组织在活动中已涉及了这一方面,如南山区女职工服务中心、打工妹之家等。第四类文娱型组织是指定期开展文娱交流活动,如通过举办晚会、演奏会、集会、参观等活动来满足农民工休闲及社会交往的需要。如农友之家文化发展中心(又名"打工青年艺术团")是这一类型的典型代表。

占少华认为,草根民间组织的存在具有三点意义。第一,在某种程度上说明了农民工是一个能动的群体,在外界赋予制度或资源条件的情况下,他们能够自我组织、动员起来解决自身的问题。这对于我们改变视农民工为"穷、愚、弱、散"的刻板印象起到了积极作用。第二,草根民间组织提供了一种新的社会资源动员方式,为各种社会资源的介入起到了"搭台唱戏"作用。几乎在每一个农民工草根志愿组织中都有媒体、律师、大学生或志愿者的身影,这种新的动员社会资源的方式有可能克服政府能力不足的困境。第三,一些农民工草根志愿组织与当地的政府、社区基层组织以及其他(半)官方的组织建立了共赢的合作关系,为它们自身的发展以及农民工问题的解决做出了有益的探索。例如,南山女职工服务中心就是香港非政府组织与当地的深圳南山区总工会合作成立的;农友之家文化发展中心在 2004 年以社区居委会为主管单位,实行了某种形式的合作;浙江省瑞安市塘下镇陈宅旺村主动推行成立的"外来人口协会";赤峰市妇联推行成立的北京打工者之家,在外部援助中断后得到了当地政府的大力支持。①

在看到积极经验的同时,占少华也没有回避农民工非政府组织所面临的较大的困难与挑战,比如现阶段的草根志愿组织主要是依靠外部援助来生存的,还没有充分动员本土的资源,这就使得它们一旦失去了外部援助,就会落入非常困难的境地。这些一方面与国家对非政府组织的政策相关;但另一方面也与这类机构本身的力量较弱也有关系。并且,多数农民工草根志愿组织在人力资源上还存在工作人员(包括志愿者)流动性大、经验不足等问题。这一方面使得这些组织难以真正被服务对象(农民工)认可与接纳,从而损害了服务的效果;另一方面使得它们很难培养出长期为农民工服务的工作人员。

占少华等人关于农民工非政府组织的类型化研究,尤其是其中对于草根民间组织的特征性质的界定,为我们进一步了解这类新生组织提供了帮助。其归纳的农民工非政府志愿组织的一些

---

① 占少华、韩嘉玲:《中国的农民工非政府组织:经验与挑战[EB/OL]》,http://blog.sina.com.cn/s/blog_4b83da09010006bq.html,2005-6-24

积极经验和困难挑战，很具有现实意义，启发笔者进一步验证和补充这些见解的研究思路。

7.3 草根之家的尝试与实践

草根之家是一个由农民工自发组建的，集网站、实体活动中心于一身，为外来务工者提供休闲娱乐、学习培训、咨询交流等综合性服务的民间志愿组织。其宗旨是"致力于打造农民工的精神家园、构筑农民工的梦想平台"，发展理念和核心价值是"自助互助，自强不息"。我们将着重考察这一类的草根志愿组织如何赋予自己的志愿行动以意义，并且采取什么样的策略来争取合法性承认。在进入分析研究之前，我们先介绍组织的相关情况。

7.3.1 背 景

自20世纪80年代始，大量的富余农村劳动力纷纷从农村走向城市、从土地走向工厂，形成蔚为壮观的民工潮。在传统的城乡二元体制下，我国农民进城基本是移而不迁——保留农民的户籍，从事工人的职业，从而形成"农民工"这一充满矛盾和过渡色彩的社会群体。就户籍身份而言，他们是农民，但就职业来说，他们已是工人。

当下，农民工群体的人数已经逾亿，绝大多数在从事城市中无人问津的脏、累、苦、险、重的工种，如建筑、纺织、环卫等行业，收入低而缺少福利保障。他们为城市默默奉献着自己的青春和汗水，却不能获得与贡献相对等的权益保障：经济上得不到工人的福利待遇，政治上没有参与城市公共领域的权利，得不到城市政府和社会的保护，受到种种歧视和不合理、不公正的待遇，沦为城市中的新弱势群体和城市社会底层的"边缘人"。

农民工是中国城乡二元管理体制的产物。农民工进城以后，虽然在就业上发生了变化，但是其户籍身份仍然是农民，不能享受与城市户籍捆绑在一起的社会福利与社会服务。同时，他们中的相当一部分人属于跨省市流动,不属于仅针对本地居民财政预算体制服务的范围,他们的合法权益也难以得到当地政府部门的保护。更重要的是,由于离开了原来生活居住的社区,他们在社会交往、角色转换、心理调适等方面都容易出现问题。所有这些,都使得农民工在需求的满足上存在着大量的空间。这为非政府组织的介入提供了契机。

随着时间的推移,浩浩荡荡的农民工大军内部出现了代际变化和更替。出生在 20 世纪 80 年代,年龄在 20 岁左右的新生代农民工的比重越来越大,并越来越发出自己的诉求——渴望生存,更渴望发展。新生代农民工在城市社会中,已不仅仅满足于获得基本生存需要、与城市社会建立基于雇佣关系的经济纽带,而更加注重追求自身价值、情感满足、长远发展、社会认同等等非物质层面需求的满足,要求全方位融入城市社会。

然而,现实是,农民工很难在城市找到自己的位置,城市社会依然停留在保障农民工最基本的物质生存的层面上。农民工想要提升自己,想让自己的生活有意义,想得到城市的认同,却苦于没有实现的途径,找不到提升的机会和展示的平台。

草根之家就是在这样的大背景下产生的。

7.3.2　历　程

草根之家是由一名来自江西的打工者徐文财创立的。从1993 年初中毕业后来杭打工,十多年的打工经历,使徐文财深刻体验了打工生活的艰苦辛酸和社会对待农民工的种种不公。由此,他萌生了把农民工组织起来,成立农民工草根志愿社团的想法。

创建农民工草根组织对一名普普通通的农民工来说,无异于一项从未做过的实验,需要创建者有很大的勇气、智慧和胆识,更重要的是,农民工群体必须自觉,必须意识到自我的需要、诉求,认识到社会的种种不公,心怀变革社会现实的价值抱负。这种群体的自觉意识不是凭空产生的,而往往通过一系列突发遭遇的刺激而爆发出来，并且会转化为一种价值信念，引导着自觉者持续不懈地加以行动。

中国历来有"君子不党"的传统，当局大都视民间组织为游离于体制之外的不安定因子，一旦"尾大不掉"极有可能影响社会稳定和削弱政府权威。在现有体制和社会氛围下，创建农民工自己的组织，其难度之大可想而知。

徐文财创建农民工草根组织的过程并不顺利。起初，他想成立工友活动中心，并为此辞掉服装厂的工作，全心推行自己的计划。但是，在民政局却遭遇到挫折，因为没有业务主管单位，无法登记组建社团。无奈，徐文财只能先通过建网站的方式在虚拟的网络里寄托自己的草根情怀。原本对电脑一窍不通的他硬是在一个多月的时间里学会了电脑操作，建起了自己的网站。

2006 年 7 月 1 日，农民工自己的网上家园——草根之家正式开通。网站一经推出，获得工友们的热心支持，点击率每天在一千人次以上。同时，通过草根之家网站，徐文财结识了与他志同道合的农民工石仲胜、曾凡山、刘明等人，为日后草根之家的核心管理团队奠定了基础。

然而，网上的草根之家有一个最大的瓶颈，就是对工友现实处境的改善影响不大。有条件上网的工友是不多的，绝大部分农民工身处底层，上网对于他们来说是不切实际的奢求。基于这个认识，徐文财决定在工友聚居地办一个实体组织，使草根之家从虚拟的网络世界进驻现实生活，切切实实地帮助现实中的农民工群体。

2008 年，徐文财在工商部门以企业的名义注册了"草根之家——农民工文化中心"，并于 11 月正式挂牌成立。徐文财在谈到成立文化中心的初衷时说："现实生活中，工友们下工后没有去处，也会很寂寞，在工友们空虚、无聊的时候，就难免会去一些他们自己本不想去、去了之后会后悔的地方。我想，农民工要更好地融入城市，工友们各方面的素质提高非常重要，而一个好的文化娱乐环境，一个积极健康的文化娱乐氛围是农民工素质提高的关键。文化中心就提供了这样一个有益身心健康的文化娱乐场所,让工友们娱乐健身、学习充电。"

文化中心坐落于杭州郊区一个农民工集中聚居的社区,是一间 50 多平方左右的出租房。门口有一块大型的广告牌,上书"文化生活、法律咨询、就业指导、创业服务、服务工友、公益品牌"这几个醒目的大字。出租房内面积不大,二三十个人往里面一站,空间的拥挤不难想象。麻雀虽小,但五脏俱全。中心的设备还是很齐全的,有音响、投影仪、8 台供培训用的电脑、可供借阅的报刊、图书(共 640 本)以及羽毛球拍等文体用品,可谓是集网吧、电影院和图书室于一身的多功能文化场所。在房间的墙上,贴着一张手写的"中心日常活动安排",规定在什么时间段安排什么主题活动,内容包括健身、学习、娱乐和咨询。另有几条标语,分别是"打造工友健康的文化阵地","共同的家园,共同的梦想","辛苦了一天,回家坐坐,看看书,听听音乐,说说心里话……让您疲惫的心得到愉悦、温暖……"诸如此类的"温馨提示"把中心点缀得充满温情。

从以上草根之家创建的历程可以看到,中国的自下而上的非营利组织往往产生在党政权力不及、政策失灵或政策默许的边缘地带,依靠精英人物发起成立,通过动员媒体等社会力量、利用来自民间的各种资源,瞄准一定的社会问题开展积极的活动。它们与市场经济的发展以及与之相关联的政治和社会民主化进程息息相关,是公民有组织地参与经济过程、社会过程、政治过程的产物,它们所走的道路是一条"自下而上的自主化道路"。①

7.4 自助与互助:意义的建构与赋予

大量的志愿者集中在草根之家,构成志愿者的集体行动。草

---

① 王名、佟磊:《清华 NGO 研究的观点与展望》,《中国行政管理》2003 年第 3 期,第 59 页。

根之家的志愿者主要分为两部分,一部分是以高校学生和社会人士为主体的外来志愿者,其他的为工友志愿者。在草根之家,会员与志愿者的身份高度融合,人人皆是志愿者,整个社团秉持"志愿服务、自助互助"的理念。那么,志愿者是怎么进入到组织中来的呢?

志愿者小林说:"当初是朋友介绍我来的,说这里有一个文化中心,很新鲜,就过来了,这里有电影可以看,挺好玩的。"

另一种情况是路上闲逛看到的,例如工友老李说:"我是在一个很偶然的闲逛中看到草根之家文化中心的,出于好奇,我就进去看了一下。之前我从未看到这样能为外来工提供服务、学习、娱乐的平台和空间并且是由我们农民工自己办起来的机构,但同时我也有很多怀疑和防备的心理,因为草根之家自我介绍的资料太少,我搞不清它是什么性质,由什么单位办的,资金从哪里来,怕自己受骗上当,所以当时不太敢相信,后来和内部人员聊了一会,才加深了对它的印象。"

通过对几名志愿者的访谈,笔者发现,工友志愿者或者是路过、顺便看看,或者是朋友介绍而慕名前来。他们首先享受了草根之家的服务,比如看书、看电影、参加培训,然后被邀请进来做志愿者。大学生来这里做志愿者则是因为老师的介绍,或者学校学生会以及团委的安排。

从志愿者的动机来看,志愿者最初进入到草根之家似乎存在着很大的偶然性和随机性,但事实上,这与草根之家通过对志愿行动的意义建构来吸引并争取志愿者参与是密不可分的。进一步说,通过让志愿者在共同参与的活动中共享某种经验、感情和价值,志愿行动的公共空间才得以构建。

7.4.1　内部意义建构:志愿行动的内源性价值

志愿行动作为一种道德实践要重复被生产出来,必须诉诸行动者关于其行为意义的自觉认知,通过建构并传递志愿行动的意义框架,以形成大家对问题的共同理解和对使命的共同信念。草根之家对于志愿行动的意义建构主要包括以下几个方面。

（1）以组织求承认

一个社会集团力量的大小，往往不取决于它包含成员数量的多少，而取决于它的组织程度或组织形态。就人的社会属性来讲，权利主张是一种自觉的意识，但要转化为有组织的行动，就需要组织化的能力、途径与手段。对于农民工而言，尽管农民工群体在数量上占有优势，但这一优势却还没有能力转化为组织化利益表达的有效途径。可以说，造成农民工群体弱势的一种重要原因就是农民工组织构建没有跟上。农民工没有自己的组织，就不能与政府、社会、企业等强势群体进行强有力的对话、交流和谈判，进而也就无法影响、参与政策制定来寻求国民待遇和社会公正。

基于以上背景，草根之家对于工友志愿者来说，具有"自助互助"的重要意义。他们本身就是农民工，是或者曾经是志愿服务对象，在自身享受了组织的服务以后，自然愿意在力所能及的范围内做一些公益的事情，既帮助别人，同时也是帮助自己，因而他们的行动是助人，更是自助。也就是说，与外部志愿者出于帮助农民工群体的道义感、公民精神或自我实现和体验等"外部动机"不同，工友志愿者纯粹是从"我群体"出发，因自己是农民工群体的一分子，而产生身份认同和集体归属感，进而参与组织的行动。

麦克鲁汉曾强调"自我的延伸"，认为在一个高度分化的现代社会，组织作为一种个人与"无法企及的目标"之间的桥梁和纽带，能够完成个人无法完成的任务。①

尽管我们的社会似乎已经是一个组织化的社会，但这一论断用于农民工身上显然还为时过早。作为20世纪80年代出现的一个身份类别，农民工在20多年来的中国经济体制转轨和社会结构转型的"结构化"进程中，其生存境遇随着中国经济社会的巨

---

① 陈成文、彭国胜：《社会学视野中的农民工组织化》，《理论月刊》2006年第11期，第165页。

大变迁而发生了深刻的变化,其组织化程度却依然如故。农民工没有自己的行业组织和工会组织,缺乏一个集团性的维护自身权益的组织。集体缓冲层的丧失,"决定了农民工阶层无论是在面对市场(企业)时还是在面对国家代理人(政府)时,都是脆弱的。组织化程度偏低,消解了将农民工个体微弱的声音凝聚起来的可能,削弱了农民工的整体话语权能力"①。在此种状况下,农民工阶层日益远离城市社会的中心资源,只能作为一个"自在的阶层"而存在,而不能上升为"自为的阶层"。②

虽说打工挣钱构成当前农民工的第一要务,但生存毕竟不能代替生活,农民工并非"挣钱的机器",他们也有超越生存之上的各种需求,并且渴望得到满足。"以前整天就只是干活挣钱,像个机器一样,浑浑噩噩地过日子。是草根之家带给我新的视野,那就是要活得像一个'人',要看得更远、想得更多,关注我们整个群体的命运。"这是一位工友志愿者的心声。在当前农民工普遍只有挣钱谋生的生存状态下,草根之家可以说是为农民工提供了"另一种生活"的可能,使得工友们更多地从社会大范围去认识自身的处境、从"我群体"出发去思索如何争取自己的权利、改善种种社会不公,争取社会对自身的公平承认。农民工是城市里的外乡人,不能指望城市社会会主动给予农民工和市民一样的待遇,只有靠农民工自己去争取。而农民工的人数虽然多,但如果是一盘散沙,就没有什么力量,争取不到什么东西。只有抱成团,组织起来,把农民工的力量凝聚起来,把农民工的声音集中起来,才能让外界听到看到,才能争取到所要求的东西,让城市社会真正地了解和认识农民工这一群体。

在这里,笔者想到了霍耐特的"承认政治"。霍奈特认为,有三种主体间的承认形式,分别是爱、法权、团结。首先,爱是原生

① 陈成文、彭国胜:《社会学视野中的农民工组织化》,《理论月刊》,2006年第11期,第165页。

② 同上。

性的首要的承认形式,个体只能在得到无条件的爱和情感所支撑的与原始他者的相互承认关系中获得健康的自信。其次,人们不仅要拥有自信,而且要获得自尊。这就需要通过法律体系赋予社会所有成员以普遍权利,将自己理解为与其他成员平等的人,在对等的相互关系中对待他人。最后,人们还需要获得社会尊严,即"团结的承认关系"。与权利的法律承认不同,社会尊严乃是对人"具体特性与能力"的承认,它预设了"价值共同体"的存在。在这个共同体中,每个人能够真正拥有充分实现自我的机会,都有机会给共同利益作出贡献,从而赢得尊重。[1] 草根之家对于个体农民工而言,是一个团结的共同体,个体在其中被尊重、被关怀、被实现,同时,个体农民工通过草根之家凝聚力量,向外部社会要求平等权利的承认。

(2)志愿精神的"另类"生活

调查发现,对大学生志愿者而言,他们来草根之家做志愿者的最初动机主要是为了体验生活和自我实现。由于现在的大学生普遍社会阅历浅、社会接触少,不少大学生志愿者抱着接触社会、积累经验的动机参与草根之家的志愿活动,可以说是他们对自身生活的一种调剂。

总的来说,社会人士参与志愿行动出于两个方面的动机。一方面,无论其社会地位如何微不足道,其志愿服务都能在改善世界和他人命运方面发挥积极的作用,进而从中获得对自我生命价值的实在肯定。因而,志愿行为能够维系和坚持的关键在于个体在志愿工作中生命的价值得到肯定:被人尊重、被人需要、被人喜爱和感激,这反过来会激发人对自我生命的愉悦、欣赏与肯定,从而使人乐意坚持。另一方面,这种非物质非功利的"另类"生活为人们提供了走出狭窄生活圈子、与受助对象密切接触、奉献爱心、体现自身社会价值的最佳途径。在志愿服务与被服务中,大家感受到了在城市化和工业社会中丢失很久的亲情、友情、安全感和

---

[1] 参见陈建海:《霍奈特承认理论解析》,《兰州学刊》2007年第3期,第13—15页。

大集体的热情,这为他们提供了过"另一种生活"的可能。

工友志愿者则把草根之家当作自己能休闲放松、参与公共生活的唯一地方,所以会经常来,参与活动也比较多。由于缺少属于自己的公共空间,工友们很乐意利用草根之家这个空间来交往、休闲、沟通和自我提升。对于组织各类晚会,进行歌舞训练等等活动,工友志愿者的参与热情很高,甚至不需要组织给予太多支持,他们就能够按时排练,形成非常融洽的团队氛围。这主要是因为他们不仅能在组织中获得情感、尊重、关怀以及归属感等精神需求的满足,而且,对组织的参与本身就是一种人与生俱来的集群结社、参与公共生活的需求的满足。这无疑印证了梅奥的"社会人"的理论。除了物质利益能够影响人的劳动积极性之外,还有社会的心理的因素,即追求人与人之间的友情、安全感、归宿感和被尊重等等非经济动机和感情因素。

草根之家是基于"自愿"创建的,从发起人到志愿者,大家虽然动机不一,但是在做的事情都是利于社会、利于他人的。因此,可以说没有志愿者的满腔热情,草根之家就失去了支撑点。与其他民间组织的成员在经济上对组织存在很高的依赖性相比,草根之家的志愿者从草根之家得不到任何经济上的好处,有的只是相合的精神需求。这种非物质的联系纽带有助于推动一种纯粹志愿精神的意义建构和认同,吸引着那些在竞争激烈的城市社会中怀着志愿精神和社会关怀,渴望过不同于市场经济体制和现实职业生活的"另一种生活"的志愿者们。

(3)自我成长与自我实现的平台

除了社会关怀,草根之家也关注志愿者个体价值的实现。在草根之家,人人都是志愿者,人人都可以为组织出谋划策,组织也为每个人提供展示的平台和历练的机会。对于每一位志愿者,草根之家都会建立档案,将其联系方式、特长爱好、性格特征等等登记造册。徐文财说:"我们秉持'人人都是志愿者'的理念,深信每一个成员都能为他人提供服务和帮助,或许在某个时候,他就能帮助其他人。比如,哪位工友有文艺特长,我们就会在适当的时候把他推出去,代表草根之家参加文艺活动。"这对于志愿者的自我实现和自我成长是相当重要的,通过志愿活动,志愿者既能够充实自己的生活,结交更多的朋友,扩大自己的社会网络,积累社会经验和资历,又能够展现自己的才艺,实现自我的成长,让自己的素质和能力得到全方位的提升。

事实上,很多志愿者进入草根之家的初衷就是想要结识更多志同道合的朋友,想让自己的价值在草根之家得到展现和认可。例如工友小张说:"通过这三个月的志愿者工作,我与别人的沟通能力强了,胆子也大了,也找到了自己的特长所在。以前我从来不敢在很多人面前说话,现在都可以做晚会的主持人了,志愿者工作对我本人的帮助真的很大。"另一位经常参加活动的工友小赵则说:"从老家农村出来,来到城市打工,各方面的社会知识、社会经验都比较缺,在草根之家做事,我交到了很多朋友,这里的工友都很友爱,互相尊重,互相关怀;还有,我学到了不少知识,以前是小孩子一个,现在变成熟了,口才和表达能力都有所提高。"

虽然,农民工不是有闲阶层,超强度的工作、工余时间的匮乏使得他们很难聚合在草根之家这个公共空间中,但是即使这样,仍然有许多人愿意来做志愿者。虽然工友们并没有什么明确的志愿者概念,但是他们能够积极参与并坚持不懈,很大程度上是因为,他们在这里看到了自我的成长和实现。

而对于大学生志愿者来说,参与草根之家的志愿活动,使他们增长了见识、开阔了眼界,并为他们开展社会实践提供了绝佳机会。草根之家正是通过积极鼓励志愿者的自我实现和成长并为之提供种种平台,使得志愿者获得个体在自我历练、精神价值方面的满足,从而进一步加强了团队的集体认同。

(4)制度激励和民主氛围的营造

在草根之家,所有制度都是建立在自愿原则上的,鼓励志愿者根据自己的实际情况奉献个人的人力和财力。这种"不强制要求志愿者做什么"的组织原则为志愿者提供了良好的氛围。

草根之家存在一套比较完善的人事管理制度,旨在形成一个从志愿者到会员再到核心干事的激励机制。首先,工友来这里做一般的志愿者,在享受组织提供的文化娱乐、法律咨询、心理咨询等服务的同时,要为组织做义工,积极参与组织的公益性活动。如果考核不错,就可以成为会员,遵循入会退会自愿的原则,有表决权、选举权和被选举权,能够对社团的工作提出建议、批评和进行监督。表现优秀的会员可以择优进入社团理事会,成为核心干事,参与社团管理。虽然这种选拔机制并不意味着志愿者和组织之间会必然形成血肉联系,但至少为形成这种血肉联系提供了可能性和制度保障,更重要的是能够加强志愿者对组织的认同度和组织对志愿者的吸引力、凝聚力。

与之相适应的,草根之家的民主氛围也很浓厚。全体工作人员、志愿者及工友都能够参加草根之家的决策会议,参与讨论决定组织的团队构成、规章制度、工作大纲和工作方式方法等问题,让工友们在了解组织的相关活动规章的同时,也感受到了民主和人人平等的滋味。在例会上,志愿者像朋友一样地沟通,可以无所顾忌地畅所欲言,既丰富了自己的知识面,精神上也得到了很大的充实,当志愿者之间有不同的意见无法统一时,会议采取"少数服从多数"的民主原则。类似的会议和讨论成为构建组织文化和集体认同的极佳场合。

草根志愿组织的民主自治氛围,使得成员互动呈现出了平等的、朋友式的特征,能够充分调动成员参与志愿活动的积极性。从形式上看,草根志愿组织是比较松散的,没有强制的约束力,但是,事实上,基于"志愿"基础上的道德层面的约束发挥了更大的作用,组织具有很强的凝聚力、向心力,为志愿活动的开展提供了保障。

7.4.2 外部意义建构:宗旨定位的对外宣言

讨论完草根之家组织内部的意义和认同的建构,笔者将进一步讨论草根之家志愿行动的外在意义是如何建构的,也就是,草根之家如何建构自身对于服务对象以及外部环境所产生的意义和目标,这主要涉及草根之家的自我定位和发展方向等问题。尽管在前一章笔者概述了草根之家的宗旨和定位,但在查阅草根之家的内部材料的过程中,笔者发现,草根之家的自我定位并没有完成,而处于不断的变动之中,并且存在一定程度上的矛盾和混乱。

疑问一:是仅仅关注农民工的精神文化层面还是提供包括精神文化、法律咨询、就业指导、创业帮助等全方位的服务?

草根之家从最初致力于构筑农民工的网上家园,到在民工聚居区成立实体性的文化中心,除了服务对象范围从原先的那些有条件上网的新生代农民工(主要是 70、80、90 后的农民工)扩大到不同年龄层的农民工之外,草根之家的服务内容也发生了很大的变化。一条基本的脉络是:从最初仅仅关注工友们的精神文化情感需求,扩大为囊括了精神文化、法律咨询、就业指导、创业服务等全方位服务。笔者在实地采访草根之家文化中心时,就看到文化中心门口高高挂着写有"文化生活、法律咨询、就业指导、创业服务、服务工友、公益品牌"字样的招牌。但是,就现实的条件以及草根之家目前所处的发展阶段来看,草根之家要想全方位推进服务是不切实际的,至少这几种服务需要决定发展的优先顺序。

对此,徐文财是这样认为的:"草根事业,从一个梦想,到一份切实可行的事业,可大可小,现在有这么一个团队来执行,一定是要往大里做,才配得上这么多有实力有能力的同仁们为之奋斗。总的来说,我们要把草根之家打造成外来打工者提升自我的平台和支持并解决他们后顾之忧的坚强后盾。从小处说,对每一位加入草根之家的工友,我们为他构筑精神家园,为他提供精神栖息地,这是最基本的层面;再往上,提供梦想平台,希望工友们能够从草根之家得到一些其他方面的支持;从组织的角度说,我们要成为外来打工者的代言人,成为他们与外部社会沟通的一个渠道,通过组织的力量,让城市社会听到我们打工者的声音和话语。"①

由此可见,组织在不断探索中逐渐达成了大致的共识,那就是关注的视野要开阔,发展的方向要全面,但在目前现实条件下,把能够做的先做起来,把容易开展的先开展起来,做精做到位,待时机成熟时,再全方位地推进草根之家的事业。

疑问二:是面向农民工提供服务的志愿服务组织,还是兼具服务性和投资性的社会企业?

长期以来,要把草根之家做成什么性质的组织一直是困扰徐文财等核心成员的一大难题。这个问题引起过激烈的争论,争论的焦点是:草根之家究竟是以为工友们提供服务为主,还是更多地考虑组织的志愿者尤其是核心成员的需求、愿望? 争论的结果是大家折中了上述两个方面,提出一个"社会企业"的定位。

"社会企业"是存在于"企业部门"和"非营利部门"两大传统社会部门交界处的新兴社会现象。在理论界,其概念和范畴尚无明确的界定;在实践层面,各种做法也正在探索之中。一般认为,社会企业"其经营活动不以挣钱为目的,企业的发展目标是为了解决某个社会问题,发展理念以产生社会效益为基础,与社区自下而上和由内向外的发展运动相结合。它不是纯粹的企业,亦不是一般的社会服务,而是通过商业手法运作,赚取利润用以贡献社会。所得盈余用于扶助弱势社群、促进社区发展及社会企业本身的投资。它们重视社会价值多于追求最大的企业盈利。"②

在一份内部材料《草根事业规划(总)》中,徐文财谈了他对于社会企业的认识:"社会企业是以推动公益事业和社会和谐发展为目标,以执著、创新的企业家精神为动力,具备可持续运营模式的实体。它类似于福利企业,但比福利企业更有创新意识,更有品牌意识,更有战略意义。草根之家作为一个社会企业,它的一

---

① 引自笔者 2008 年 12 月 25 日对徐文财的访谈记录。

② 佚名:《关于社会企业的界定》,http://zhidao.baidu.com/question/51119478.html,2009-3-15

切资源都是社会所有的,无论创办者、管理者或是参与者,都只是资源的支配者,草根事业相关产业,所有盈利,除了相关职员的工资福利以外,将全部用于中心的发展及社会公益事业。"①

作为一个社会企业,草根之家致力于打造农民工的草根产业。徐文财这样理解草根产业对于草根之家的意义:"我们总在抱怨,付出很多,收获很少。当我们有了自己的产业,我们就可以付出少一点,收获多一点。草根产业是以民工为主要消费群体的行业,我们一步一步,从简单的入手,不断开创属于我们自己的产业。事实上,我们数以亿计的农民工,早就该有自己的产业了。只有这样,才能有与城市及资本家对话的资本,只有这样,才能更好地融入城市,不再做所谓的'边缘人'。我们的草根之家,有自己的网站,有自己的杂志,有自己的艺术团,有自己的文化阵地,有自己的文化品牌。这一切,经过我们团队的有效运作,我们的机构完全能成为一个大型公益机构。目前只是刚刚起步,希望在未来,能够把草根之家打造成一个有执行力、公信力的大型公益机构;一个让农民工朋友可以信赖、依靠的精神家园;一份让每一个志愿者都感到幸福、自豪的终身事业。"②

从以上可以看出,草根之家把打造文化产业、运营社会企业与农民工的现实追求联系起来,用社会企业之笔描绘了组织发展的美好蓝图。由此,草根之家基本确定了自我定位的对外宣言:以面向农民工、为广大农民工提供综合性服务为内容,以发展草根产业、产生社会效益、推进公共精神为目的。通过这样的自我定位,占领意义和价值的制高点,草根之家的形象更加丰满起来,有利于社会合法性的获得,从而能够在纷繁复杂的外部环境中更加"名正言顺",并吸引更多有志于公益事业的人和利益相关方参与到自身的志愿行动中去。

---

① 引自《草根事业规划(总)》("草根之家"内部未出版资料)。
② 引自《致各位同仁的问候信》("草根之家"内部未出版资料)。

7.5 承认的政治:争取合法性认可的行动策略

与国外草根民间组织拥有法律上的合法地位不同,我国的草根民间组织客观存在但又未登记注册,处于看似合法实则非法的尴尬状况中。这就要求草根之家除了建立志愿行动的意义目标和集体认同之外,还需要采取一定的行动策略扩大行动空间、动员资源,以确保组织化的志愿行动得以顺利实施。

几乎与所有的民间志愿组织一样,草根之家在现实中面临着两大困境:一是合法性困境,是否得到政府的支持,决定着这个组织能否长久存在下去;二是资金的困境,民间志愿组织由于没有政府拨款,自身筹措资金的能力又弱,常常会因资金匮乏而难以为继。解决这两个困境的根本出路在于组织的行动能力,包括争取合法性的承认、社会资源的获取以及活动空间的开拓等等。

社会现象由于具有合法性而得到承认,同样,社会现象由于得到了承认,才见证它的合法性。这种“承认的政治”对于我们理解当前中国社团的合法性具有方法论上的借鉴意义。争取获得合法性承认成为草根之家一切行动的出发点和落脚点,内含于其与政府部门、媒体、社会相关群体及个人打交道的各个维度。其中,国家政府部门的承认是与同意、授权社团开展活动联系在一起的;单位和其他社会团体的承认是与合作、提供资源联系在一起的;个人的承认则是与个人的参与联系在一起的。社团活动是一种群体的或组织的公共活动,这三种主体所赋予的合法性是它开展公共活动的基础。[①] 而这三类主体所认可的合法性又是不一致的,国家和相关部门认可的是政治和法律合法性,相关单位和其他社会团体可能看重的是法律和行政合法性,而志愿者等社会公众则是从需求决定存在、存在即合理的社会合法性出发的。基于此,学者高丙中在研究社团的合法性时,提出要从多向度的承

---

① 高丙中:《中国社团的合法性问题》,《中国社会科学》2000 年第 2 期,第 102—103 页。

认来看待社团的合法性,包括社会合法性、法律合法性、政治合法性和行政合法性。①

从前文介绍的草根之家因无法注册社团而只能变相进行工商注册可以看出,民间志愿组织很少能够一步到位地解决合法性的问题,而必须长期处于一种微妙的博弈状态,在缝隙中积极寻求生存的可能性。工商注册的尴尬身份,给草根之家的志愿行动蒙上合法性和社会认同的阴影。鉴于此,草根之家行动的基本策略是以合理性行动谋求合法性认可,通过积极参加社会公益性活动,以自身的志愿服务获得社会的合法性,在公众面前建立自己的公信度,进而争取行政、政治合法性。

7.5.1 借"官"说话:政治合法性的正名

在中国目前的政治和社会状况下,类似草根之家这样的民间志愿组织还很难享有广阔的行动机会和空间,其中,政治风险是一个最大的问题。"名不正则言不顺,言不顺则事不成",如果没有政治合法性的认可,志愿行动的成功并不容易,甚至行动的成功也常常意味着失败:政府可能因此把你看作一支潜在的无法控制的力量。

对此,草根之家的一位核心成员说:"我们要让政府知道我们和它们是一致的,只有这样才能得到政府的支持,也只有这样才能取得活动成效,实现我们的组织目标。"为了规避可能的政治风险,草根之家在自己的志愿服务中始终强调政府的政策,积极与政府沟通联系,以此寻求政府的默认与支持。

草根之家强调,关爱农民工、服务农民工、提升农民工的精神文化素质符合当前社会关注"三农问题"的大背景,他们的尝试是一项旨在妥善解决农民工问题的有益探索。而成立文化中心、打造草根文化产业则是响应了党的十七大报告中"兴起文化建设、发展文化产业"的中央精神以及浙江省委省政府建设文化大省的

---

① 高丙中:《中国社团的合法性问题》,《中国社会科学》2000年第2期,第103页。

战略部署。这些基调的奠定为草根之家获取相关创业基金提供了政策依据和便利条件。针对当前浙江全省上下掀起的"创新创业"热潮，草根之家不失时机地建立创业培训部，与时俱进地推出支持和帮助农民工创业的志愿服务内容，提高项目活动的合法性。此外，杭州市大力倡导的"共建共享生活品质之城"的目标也被草根之家运用到"草根文化节"活动中，成为"草根文化节"的主打口号。

代表农民工群体向全社会真情告白以扩大合法性基础是草根之家行之有效的一个策略。这里，笔者摘引草根之家内部资料《致杭州市委的一封信》的部分内容，在其中我们可以感受到草根之家高明的政策舆论攻势。

"我们看到，浙江已经开始启用'居住证'，走出了消除城乡差距的关键的一步。从'暂住证'到'居住证'，虽只一字之差，对外来和进城务工者来说，却标志着从过客到主人、从农民到市民、从边缘到圈内、从观望排斥到融入参与的角色变换将真正成为现实；对浙江的经济社会发展而言，则意味着以一种更加主动包容的姿态，吸纳千万计的'新浙江人'以主人翁的身份，参与到'创业富民、创新强省'的新浪潮中来。

杭州，作为农民工最喜爱的十大城市之一，文明城市、卫生城市、旅游城市、园林城市、双拥模范城市……共同的家园，共同的梦想！我们农民工愿意为之努力。我们把杭州当成我们自己的家，我们希望能为这个家贡献更多，我们不希望为城市建设献出了苦力，却为城市管理带来麻烦；我们希望在推动城市物质文明建设的同时，也能推动城市精神文明的发展。

政府自上而下的关爱，需要民众自下而上的响应。城市接纳我们，我们如何更好地融入，这需要我们农民工自身的努力。我们要不断地提高自己。草根文化艺术节，就是丰富民工精神文化生活的一个探索，就是我们提升自我的一个很好的平台和途径。我们先从文学、文艺着手，进而从职业规划、创业设计、人生规划一步一步和工友们一起成长，一起更好融入都市，为城市文明建设做出我们的贡献。"①

在文化中心落户九堡之际,草根之家又及时抓住了九堡镇完善公共文化服务平台、建设"广场文化年"活动的大好契机,通过组织和参与群众喜闻乐见的文体活动,迅速扩大了草根之家的社会知名度。文化中心所在的格畈社区是农民工的聚居区,集中居住着4万多外来务工人员。文化中心通过为工友们提供学习平台和文化服务进而提升工友们的精神面貌和道德素质的发展道路,正是牢牢抓住了格畈社区活跃社区文化、促进社区和谐的迫切需要。

有研究指出,政治合法性涉及社团内在的方面,如社团的宗旨、社团活动的意图和意义,"它表明某一社团或社团活动符合某种政治规范,即'政治上正确',因而被判定是可以接受的"。② 社团通过订立自己的宗旨,并在开展活动的过程中阐发活动的意义。这些表达如果被接受,尤其是被党委系统接受,社团就由此获得了政治合法性。而政治合法化的途径,往往是强调对政治旨趣和政治意义的表达,从多方面说明自己与政治秩序一致:第一,显示与意识形态、国家推崇的价值(如社会主义精神文明)一致。第二,显示与国家目标、尤其是中心任务(如经济建设)一致。第三,显示与国家的政策(如统战、维护稳定)一致。③ 因而,对于民间社团来说,在尚不具备法律合法性和行政合法性的情况下通过宣讲和标榜自身在政治上的紧跟和值得信赖来回应行政和执法部门的压力,不失是一个有效的策略。

7.5.2　拜老师:行政合法性的谋求

一个民间社团如果要开展活动,就须不断地与各种单位打交道。这是因为,一个社团可以一次性地从一个单位获得政治合法

---

① 引自《致杭州市委的一封信》("草根之家"内部未出版材料)。
② 高丙中:《中国社团的合法性问题》载《中国社会科学》2000年第2期,第106页。
③ 王润斌:《当代中国气功社团合法性研究》,北京体育大学2005年硕士学位论文。

性认可(如法人社团的挂靠、单位社团获准成立),但其活动的行政合法性却需要一次次地去争取。在当前政治体制不尽完善、官员领导的个人意志在很大程度上能够拍板决定事态发展的形势下,寻求政府官员的个人支持成为草根之家获取行政合法性的一个快速通道。

利用私人关系来动员体制内的资源是 NGO 最常用的一个手段。他们的基本策略是往上靠,使劲贴政府。草根之家的一位志愿骨干曾指出:"市总工会的几位老师很关心也很支持草根之家的发展,说工会就是我们的娘家人,我们遇到什么困难,可以去找总工会,他们会力所能及地提供帮助。"事实上,正是通过总工会这个渠道,草根之家得以认识更多政府部门的官员,像市委宣传部、团市委的领导等等,把他们当作老师,谦虚地向他们请教,同时跟他们交流草根之家的发展理念和项目活动的具体情况,以获得他们的理解和支持。一旦主管部门的领导点头同意或者口头支持了,那么,项目活动的审批就顺理成章了。

"首届农民工草根文化和 2008 年民工春晚,政府方面是很支持的,因为我们把政府想做的事做了。但政府的支持仅仅是领导个人名义的口头支持,而没有提供资金等方面的帮助。不管怎么说,没有领导们的支持,这些大型文化活动是不可能审批下来的。"对于这一点,草根之家是很清楚的,并积极采取以下几个策略争取支持。①主动邀请政府部门,参加文化中心开业庆典等公开活动,并把官员参与这些活动的凭证(如照片、贺信)视为一种模糊的行政合法性符号,作为活动正当性的一种依据。②多联系、多汇报、多亮相,草根之家非常重视与各级政府部门的联系沟通,主动向政府部门寄发相关材料,同时积极参加政府相关部门组织的会议。③迎合官员们要面子、要政绩的心态,每次在活动取得成效之后,草根之家总不忘把功劳留给官员,将成绩"归功于政府的关怀、支持和指导"。

高丙中认为,"由于民间社团只在基层拥有一定的社会合法性,所以只能在一个很小的范围活动。但是,如果各级行政部门在自己的运行过程中因需要而允许它们参与其中,结果在客观上就帮助它们超越了草根社会的局限。"①

社团的行政合法性在于某一级单位领导以某种正式或非正式的方式(如允许、同意、支持或帮助)把自己的行政合法性让渡或传递给草根志愿组织,具体形式大致有"机构文书、领导人的同意、机构的符号(如名称、标志)和仪式(如授予锦旗、发来贺信)等"。② 对民间社团而言,通过和行政机关的领导人建立密切的关系,个人权威和集体权威发生"置换效应",能够获取行政合法性这种隐性的政治资源的重要支持。

为此,草根之家积极与各级党委宣传部门、政府行政部门联系沟通,竭力寻求相关领导的支持,哪怕只是个人名义的口头支持。这种与政府官员的私人关系是一种非正式制度下的"无形支持",在很大程度上维持了草根之家的"非法"存在。

7.5.3 摇旗呐喊:社会合法性的积极动员

"蓬勃发展的民间组织提供了一种新的社会资源动员方式,为各种社会资源的介入起到了'搭台唱戏'作用"。③ 获取这些社会资源、提高社会合法性成为民间社团赖以生存的关键。从最初建立草根之家网站到成功举办首届草根文化节再到成立草根之家文化中心,草根之家的发展无疑离不开组织与其外部环境的互动,尤其离不开新闻媒体、企业和社会机构等相关方在舆论、资金和人力方面的支持和帮助。争取与他们合作、获得相关资源、提高社会认同度一直是草根之家所致力的重要措施。

(1)媒体策略

草根之家一直致力于和媒体的良性沟通,通过媒体的报道强调自身的建设性立场和公益服务,提高自己的社会知名度、扩大

---

① 高丙中:《中国社团的合法性问题》,《中国社会科学》2000 年第 2 期,第 106 页。
② 王润斌:《当代中国气功社团合法性研究》,北京体育大学 2005 年硕士学位论文。
③ 占少华、韩嘉玲:《中国的农民工非政府组织:经验与挑战》,http://blog.sina. com. cn/s/blog_4b83da09010006bq. html,2005-6-24

自己的社会影响力,争取更多社会公众的支持和认同,进而获得更多的社会合法性,吸引更多的资金、人力等社会资源。从创建草根之家网站到举办"草根文化节"、"民工春晚"等公益活动再到成立草根之家文化中心,各路媒体的目光一直紧紧跟随。杭州日报、钱江晚报、浙江日报等媒体都先后报道过徐文财创建草根之家的艰难历程,并对"草根文化节"、"民工春晚"等这些大型公益节目给予了全程直播。主流媒体的不断报道,有力地扩大了草根之家的社会知名度,使得草根之家的生存发展吸引了更多人的眼光、牵动了更多人的心。除了邀请各路媒体参与报道志愿公益活动之外,核心成员也不失时机地邀请媒体界的权威人士做客草根之家。例如,浙江日报总编杨大进曾专程来草根之家文化中心了解情况,看望工作人员及志愿者,对草根之家的工作给予了充分的肯定,并勉励工作人员继续努力,做好这个工友的精神家园,构筑好这个爱心平台。应该说,媒体权威人士的来访,不仅仅带来主流媒体的肯定和支持,给予草根之家以精神上的勉励和关怀,而且更重要的是,为草根之家争取到更多的社会合法性资源提供了可能。

事实上,一些社会组织特别是企业也正是看中了非政府组织与媒体的关系才愿意与非政府组织合作,希望以此来提升自身的社会形象。另外,媒体的报道有利于志愿精神在社会中传播,可以为民间组织的发展创造良好的社会氛围。

(2)与社会各界的互动

创建和运营一个民间社团,对徐文财而言是一项从未有过的试验,身为普通农民工的他需要一个充电的平台以积累知识和经验。热心社会公益事业的学术界人士给他带来了难得的机遇。北京大学一位研究非政府组织的专家在获悉徐文财正在尽力创建一个农民工民间社团的尝试后,致电徐文财,称赞他们"正在从事一项意义重大的社会试验,你们是一群行动的理想主义者",鼓励大家"要志存高远、脚踏实地勇敢地坚持下去",并邀请徐文财参加了2007年7月由中国社科院主办的"第三届社会政策国际论坛暨系列讲座"。这次论坛令徐文财大开眼界,国内顶尖专家和各地社团有关民间组织如何与政府良性沟通的建言献策,给了他很多的启发和思考。之后,徐文财接受一家公益性机构的邀请,到北京接受 NGO 内部管理方面的培训。通过这次培训,徐文财明白了社会组织的特征以及活动的边界。更重要的是,他知道了如何与政府部门沟通、协调,接受政府部门的统一协调,发挥民间组织的长处,为和谐社会建设作出自己的努力。

除了专家学者的关怀,社会上很多热心于公益事业的人群也给予了草根之家很大的帮助。在志愿者资源的动员上,徐文财等核心成员曾走进杭州的高校,举办讲座,讲述自身的草根梦想和奋斗历程。他们另类的社会阅历和执著地奋斗精神在感染学生们之余,也使得更多学生和学生社团愿意加入到草根之家的志愿者队伍中去。这为草根之家提供了很好的人力支持。在资金的动员上,草根之家与爱心企业、基督教会、民工医院等社会机构联系紧密。除了向社会募捐、寻求企业赞助外,草根之家提出了一个"公益营销"的理念,也就是,调动企业参与公益事业的积极性,推动公益事业与企业的双赢。在一份草根之家的内部材料《论公益营销》中,徐文财阐述了如何与企业进行公益营销的问题。"就企业而言,要改变做好事不留名、做好事就是捐钱等等传统观念,在有针对性地解决某个特定的社会问题(如教育问题、健康问题、环境问题、社会弱势群体问题等),为社会谋取福利的同时,还能够促进企业自身成长,的增加效益,提升企业知名度、美誉度、顾客忠诚度。就公益机构而言,要化被动为主动,或以社团方式直接组织实施公益活动,或企业通过吸纳各类资源,交由社团组织实施。"①遵循这个理念,徐文财致力于草根之家积极主动地与企业结成伙伴关系,通过为"商业企业"创造潜在的价值(如良好的社会效应、企业形象的提升),来激发企业持续不断地为社会公益和志愿服务奉献爱心,进而使社会公益事业走上一条良性循环发

---

① 引自《论公益营销》("草根之家"内部未出版资料)。

展轨道。

7.6 讨论：草根志愿组织的困境、出路及展望

对于任何一种社会存在，我们都需要回答两个问题：为什么和怎么样。一方面，它为什么存在，即对其意义的追问；另一方面，它怎么样地存在，即对其实践的考察。本章就农民工草根志愿组织这一新兴事物着重回答了这两个问题。

萨拉蒙曾把有组织的私人自愿性活动也即大量的公民社会组织视作"代表了20世纪最伟大的社会创新"。随着非政府组织不断发展壮大，将会有更多的对公共事务治理的职能从政府权威部门转移到社会公共部门。比起政府部门，非政府组织能够更好地把从公众中吸取的人力和物力资源，运用到被政府和市场忽视了的社会领域中去。

朱健刚等学者对于草根志愿组织是寄予了厚望的，认为草根志愿组织可以在中国的社区层面提供相应的策略、规范并使得作为个体的市民能够通过联合而超越个人的渺小变得更有力量，这不失为是一条中国公民社会构建的可能之路。"虽然单靠草根志愿组织形成的社会资本或许还不能带动公民社会的形成，但是它本身的星星之火却可以在基层中国持续和独立地推动培育公民意识，并孕育和呵护公民社会最重要的精髓：公共参与的志愿精神。"[①]草根志愿组织的原动力就是志愿性——一种发自内心的，自愿服务社会的公益性意识。它驱动着人们从内心里迸发出一种自觉自愿为社会奉献的动力，从而使得草根志愿组织得以在社会的夹缝中顽强地生长。

因而，以历史的眼光看待草根之家的实践，就会发现它其实是农民工群体自我觉醒的呐喊、自我组织的行动，对于我国志愿

---

① 朱健刚：《草根NGO与中国公民社会的成长》，《开放时代》2004年第6期，第45—46页。

精神的培养以及公民社会的形塑具有重要的积极意义。

在看到草根志愿组织积极意义的同时,我们也应正视其在现实中的生存状态。目前,相当数量的草根志愿组织没有登记注册,不具有法律上的合法地位,以无法人地位的身份存在和发展着。这从草根之家创始人几经努力始终也找不到业务主管单位而难于正式注册的个案可以一窥之。合法身份的缺失使得它们在与社会各类组织打交道时处于不利地位,不利于组织吸收汇集社会资源,也不利于自身社会影响力的提高,最终将影响和制约草根志愿组织的运作和发展。在这种情况下,它们大多尽量淡化自己的法律形象,不谈它们的注册身份,以"民间组织"这样一种宽泛的概念来模糊界限。显然,身为草根志愿组织,组织的合法性是一个难以回避的问题。

在中国,虽然社会结构发生了很大变化,出现了社会多元化趋势,但是国家依然控制着大量的社会资源,国家权威在社会生活的各个领域中仍然发挥着相当大的影响,社会的承认和民众的认可则被降低到了一个相对次要的层面。所以,中国的草根志愿组织虽然可以凭借活动的正当性、自身的公益性言说等来赢得社会合法性,但是,获得政府的同意和承认则显得更为迫切和重要。

那么,怎样来获得这种合法性呢?草根志愿组织的基本策略是通过寻求一定程度的国家权威支持和认可,来弥补自身的合法性不足。通过邀请政府现任官员或者已经退职的前政府官员担任名誉职务,或者邀请他们参加(出席)这些 NGO 举办的活动,使组织和组织的活动被蒙上了一层"政府参与、政府许可"的色彩,以便在一定程度上稳定自身的合法性基础。

梁漱溟曾说,在中国这样一个关系本位的社会,社会互动过程中广泛存在着非制度化的互动规则和人际关系。[①]"关系"这一中国的文化环境与制度环境共同作用的产物,是一种极为经济、有效和常用的手段,能够解决那些正式制度规则所解决不了的问

---

① 梁漱溟:《中国文化要义》,学林出版社 1994 年版,第 8 页。

题,获取通过制度性渠道获取不了的资源。所以,草根志愿组织与国家之间的互动大多是通过"关系"这种非正式渠道进行的。能否与国家发生互动,发生什么样的互动,往往取决于草根志愿组织领导者的个人能力、组织成员的社会资本以及组织所辐射的社会网络。这是一种不稳定的、不可预测性的非制度化方式,在很大程度上决定并制约着草根志愿组织的发展状况、发展趋势和发展模式。

最后,让我们用托克维尔的一句话作结:"在民主国家中,市民是独立的和无力的,他们几乎不能做任何事,没有人能要求他的伙伴帮助他们。因此,如果他们不学会志愿性的相互帮助,他们将没有力量。"[①]以此寄语正在曲折中探索和前行的草根志愿组织们,在它们的身上,承载着中国未来公民社会的希望。

---

① 朱健刚:《草根 NGO 与中国公民社会的成长》,《开放时代》2004 年第 6 期,第 46 页。

后　记

　　本书是浙江省人文社会科学重点研究基地"地方政府与社会治理研究中心"2007年度重点课题"浙江省城市农民工权利发展状况研究——从国家、市场和公民权的关系看"（批准号：07JDDF003Z）的最终成果。作为项目负责人，本人拟定了课题研究的基本框架、基本路径、理论视角和具体内容，但如果没有其他各位参与者积极、认真、负责的工作投入，课题的最终成果不可能以现在这样的面貌出现，因此，本书是各位参与共同努力的产物。

　　本书各章节的具体执笔者如下：

　　1. 从"生存"到"承认"：公民权视野下的农民工问题，王小章；

　　附录Ⅰ：生存及生存之上——杭州市农民工访谈实录选，王小章、朱独逍、陈姣姣、王婷艳；

　　附录Ⅱ：走向承认——杭州市农民工发展简史，王小章；

　　2. 浙江省农民工的自由权利——以人身权和财产权为核心，晏兴成；

　　3. 浙江省农民工的政治权利——以选举权和工会入会权为例，王小章、朱独逍；

　　4. 浙江省农民工的社会权利，薛华、王小章；

　　5. 小结，王小章；

　　6. 加入工会抑或成立自组织——关于农民工组织化途径的思考，陈建胜；

　　7. 塑造志愿行动的公共空间——一个农民工草根志愿组织的实践逻辑，陈姣姣；

全书最后由本人做了全面统改。

最后,感谢"地方政府与社会治理研究中心"负责人毛丹教授给予本研究的支持;感谢在课题调研过程中给予友好配合和帮助的所有朋友;感谢浙江大学出版社曾建林先生对本书出版的帮助;感谢责编严少洁女士为本书出版付出的辛劳;特别需要一提的是,正当本人为本书出版费用的缺口而彷徨无计之时,浙江省社会保障研究中心主任郑造桓书记和常务副主任何文炯教授及时施与援手,雪炭之情,时雨之谊,岂一"谢"字了得!

王小章

2009 年 11 月 5 日